사이버신학과
디지털교회

사이버신학과 디지털교회

심 영 보 지음

KSi 한국학술정보㈜

"날아가는 두루마리"(Flying Scroll)를 보았는가?

역사는 발전사관의 입장에서 전진과 상승의 사이클로 후퇴하지는 않을 것이다. 물론 전도서 기자는 해 아래서는 새로운 것이 없다고 항변한다. 그럼에도 불구하고 역사는 변증법적과정으로 발전하고 있다. 창세 이래로 역사는 구전의 역사였으며 소수 승리자들과 기득권자들의 역사였다. 하나님은 진리 안에서 만인 평등을 원하신다. 모든 사람들이 구원의 반열에 들어오도록 요청하신다. 21세기의 변화는 디지털 세상이다. 디지털 신앙공동체의 등장이 확산될 것이다.

16세기 루터가 종교개혁을 하기 전까지 성경은 소수의 기득권자들의 손에서 소중한 장식물로 개인적인 보물로 깊숙한 서재에 내장되어 있었다. 복음의 전파는 암울한 시대적 고통을 경험하고 있었다. 그러나 성령은 탄식했다. 그 결과 하나님은 구텐베르크에게 지혜를 주셔서 인쇄술을 발명케 한다. 루터는 인쇄술의 테크놀로지를 최대한 활용한다. 복음이 각 나라의 언어로 번역될 수 있는 계기를 마련하게 되었다. 이때부터 기독교의 선교는 스크롤 선교의 대단한 위력을 발휘한다. 종이와 잉크가 절대적으로 필요한 시대를 경험한다. 물론 부작용도 없지 않았다. 숲의 나무들이 수난을 당하면서 자연생태계의 파괴를 가져왔다. 가시적인 도서관들의 팽창이 문화적 권위로 등장했으며 도서관의 크기와 장서의 보유권수가 또 다른 공간을 지배하게 된다. 21세기는 "날이다니는 두루마리"flying scroll, 즉 하이퍼텍스트들을 사이버공간에 자동으로 저장하는 시대가 되었다. 이 또한 새로운 것은 아니다. 이미 스가랴는 이러한 비전을 내다보았기 때문이다.

역사는 다시 한 번 인간의 문화를 바꾸어 놓는다. 라디오와 TV의 등장으로 방송 테크놀로지 시대가 열리었다. 모든 정보를 신속하게 보고 즐기는 방송매체 시대가 열린 것이다. 발로 뛰지 않아도 안방에서 많은 정보들을 시청각으로 접하게 되었다. 복음의 전파도 어느 덧 방송매체를 타고 전 세계로 전파되기 시작한다. 영어가 국제어로 자리 잡고 있는 현실에서 미전도 종족에 대한 언어의 문제가 남아있기는 하지만 방송 선교 또한 정보의 시공간을 단축시키면서 그 위력을 발휘했다.

20세기 후반 컴퓨터에 의한 인터넷 혁명이 발생한다. 전 세계를 하나의 지구촌으로 묶어주는 웹이 구축된다. 모든 이념과 사상이 하나의 웹으로 연결되어 있다. 인터넷의 웹 구조는 하나님의 이상적인 선교정책으로 180도 방향전환을 가져 올 수 있도록 그 패러다임을 바꾸어 놓으셨다. 디지털 테크놀로지를 통한 사이버의 세계는 사이버 미션과 하나님을 예배하는 최상의 영적 세계로 그 패러다임이 바뀌게 되었다. 태초에 하나님의 신이 수면 위를 운행하시듯이 성령은 우리들로 하여금 사이버스페이스를 자유롭게 서핑하도록 길을 열어 놓으셨다. 성령의 역사는 인간의 이성과 감성과 영성을 하나로 묶는 시공간의 디지털 세상을 오픈하신 것이다. 이러한 역사의 흐름을 인지하지 못하고 여전히 아날로그 방식을 고집하는 신학이 있다면 그 신학은 하나님의 선교정책에 반하는 "비

없는 구름" 신학과 같은 것이 될 것이다.

테크놀로지의 활용이 오히려 개신교보다도 가톨릭에서 더 많이 활용하고 있는 것을 볼 수 있다. 1995년 초, 프랑스 주교 자퀴스 가일롯Jacques Gaillot은 웹사이트에서 미사를 돌아보는 역사상 유일한 위치를 차지하게 되었다. 그는 최초 사이버주교가 되었다. 가일롯이 예상했다거나 계획한 것은 결코 아니었다. 바티칸의 성직계급 내에 존재하는 권력자들에게 환영받지 못하게 되면서 사이버 공간으로의 예상치 못한 주교직 이동이 시작된 것이다.

1994년, 노르망디에서 에브레욱스Evreux 주교 관구를 희망했던 가일롯은 파리의 멋진 레프트 뱅크 위에 버려진 건물에 살면서 불법 거주자들의 집단적 운명에 깊이 개입되었다. 프랑스에서 무주택이라는 것은 단순히 노숙생활 그 이상을 의미한다. 프랑스에서 무주택은 아주 드믄 일이며 프랑스 정신을 아주 당혹케 하는 일이다. 무주택이라는 것은 가장 엄격한 사회 정치적 의미에서 소외된 "배제된" 것을 의미한다.

가일롯은 이 사람들의 운명에 대하여 프랑스 정부 당국이 보여주는 관심부족으로 소름이 끼칠 정도였다. 다른 몇몇 성직자들과 함께 가일롯은 무주택자들의 인권에 대한 매우 가시적이며 솔직한 대변인 역할을 하면서 이 문제에 온 몸을 다 내던졌다. 그러자 그는 불법 거주자들의 고난에 동참하면서 언론의 주목을 받게 되었다. 불법 거주자들과 함께 생활하면서 신앙의 생활화가 무엇인가를 보여주었다. 그러나 프랑스 가톨릭과 로마의 교황청은 가일롯의 이러한 행동에 이의를 제기하면서 1995년 1월, 그를 로마로 소환한다.

교황과 운명적인 만남이 있고 난 후, 가일롯은 에브레욱스에서 주교로서 그의 사명은 중단되었다. 그의 주교 직위가 다음날 정오 공석으로 남게 되었다는 통보를 받았다. 교회의 계급구조적인 성직을 난처한 상황으로 몰아넣었기 때문에 가일롯은 출교에 해당하는 징계를 받았다. 그에 대한 해고와 출교에 대한 적절한 근거도 없었다. 수개월 동안 가일롯은 아무런 소식을 전달받지 못했다. 1995년 가을에, 그는 파르테니아Partenia 주교로 부임하게 되었다는 한 통의 편지를 받았다. 가일롯은 파르테니아를 프랑스 지도에서 찾아보았다. 그의 노력은 헛수고였다. 파르테니아는 프랑스의 어느 곳에서도 찾을 수 없었으며 결코 존재하지도 않았다. 왜 로마 교황청은 파르테니아를 선택했을까? 물리적인 공간의 위치를 몰랐을 리 없다.

최근에 북아프리카 알제리에서 파르테니아의 위치가 발견되었다. 그 곳은 4세기에 중요한 주교 관구였다. 그러나 6세기 이래로 파르테니아는 단지 북쪽 사하라 사막지역의 모래언덕일 뿐이었다. 이상하게도 그 주교의 관구는 결코 폐지되지 않았다. 현실적으로 가시적인 물리적 공간은 사라졌지만 비가시적인 파르테니아는 존재하고 있었다. 그 곳은 가일롯에게 완벽한 휴양지가 되었다. 교황은 가일롯에게 파르테니아의 주교의 직책을 주었다. 가일롯은 그 자리를 수용할 수밖에 없었다. 공식적으로 가일롯은 눈에 보이지 않는 비현실적인 사이버 파르테니아의 주교가 되었다.

*사이버 민주주의*의 저자로서 프랑스의 지성인 레오 쉬어는 가일롯의 파문에 대한 소문을 듣고 영감이 떠올랐다. 이른바 에피퍼니 현상이 그를 사로잡았다. "온라인으로 파르테니아의 주교는 왜 될 수 없는가? 실제적인 공간에 집착하기보다는, 공간의 형이상학적인 아이디어를 갖고 싶다." 쉬어에게 사이버주교의 아이디어가 사이버스페이스의 본래적 특성으로 아름답게 울려 퍼지게 되었다. "하나님의 마음은 인터넷의 웹 구조에 의하여 모방된다. 물리적 실재와 현실적 실존 사이의 갭이 마침내 해체되었다"고 그는 말했다.

WWW.partenia.org 첫 페이지에는 세계를 두 손으로 떠받드는 로고와 함께 "국경 없는 파르테니아는 자유의 열린 공간이 되었다. 이곳에서 지구상의 모든 사람들이 대화의 공간이 가능하게 되었다."라는 메시지가 등장한다. 파르테니아는 프랑스에서 언론의 집중적인 관심을 갖게 되었으며 빠른 속도로 전 세계적인 관심을 끌게 되었다. 복음의 사회적 책임을 호소하기 위하여 가일롯 주교는 새로운 강령을 수립했다. 가일롯 주교는 불교에서 가톨릭까지, 타종교와 대화, 종교 사이트의 호스트뿐 만 아니라 국제적 지원 기관들, 프랑스의 다양한 사이트 링크들을 포함시켰다. 1996년 3월 파르테니아 웹사이트에 올린 한 편지에서 가일롯 주교는 다음과 같이 쓰고 있다. "인터넷은 커뮤니케이션의 수단이다; 나와 함께하는 팀들은 주류사회에서 배제된 사람들에 대한 관심과 봉사에 헌신하기를 소망한다. 그들이 스스로 대화하며 자신들의 문제에 대한 해답을 찾을 수 있도록 해주어야 한다."

가일롯은 사이버 주교로서 자신의 새로운 사명을 인식하고 있지만 역사에서 자신이 사이버주교로서 역할을 담당하리라고는 생각지도 못했다. 작가 아담 곱닉과 한 인터뷰에서 "초대 교회는 일종의 인터넷 조직이었다. 로마의 제국이 그 조직과 싸워 승리하는 것은 대단히 어려웠다. 이것이 바로 그 이유 중의 하나이다. 초기 기독교인들에게 가장 중요한 것은 물리적인 장소에서 물리적인 권력을 주장하는 것이 아니었다. 기독교인들의 인적 네트웍, 더 나아가 영적 네트웍을 형성하는 것이었다. 온라인을 구성하는 것, 그 자체가 로마의 강력한 세속적 권력과 싸워 승리했던 것이다. 예를 들면, 바울은 예루살렘인가 아니면 로마인가라는 선교여행을 결정해야만 했을 때, 제 3의 선택, 소아시아로 갈 것을 결정했다. 즉 수평적으로 이동함으로써 수직적인 계급구조를 피했다는 것이다. 교회는 수평적으로 움직일 때, 누룩이 번지듯이 성령의 기쁨과 함께하였지만 수직적으로 성직의 계급구조를 형성할 때, 성령의 탄식으로 역설적인 고통을 받았다.

사이버스페이스는 전적으로 수평적 이동 공간이다. 결국, 천년 이상 동안이나 파르테니아는 하나님 마음의 사이버스페이스에서 기본적으로 존재하고 있었다. 지금 그곳은 새로운 디지털 영역으로 존재하고 있으며 결정적으로 소외된 그룹들의 현실적인 욕구들을 전달하는데 성공을 거두고 있다. 가일롯에 의하면, "당신은 파르테니아에 관하여 가장 이상한 사실을 알게 되지 않았는가? 그곳은 아마도 내가 물리적으로 있었던 곳이다. 수년 전 알제리에서 군복무를 했다. 때때로 나는 파르테니아를 드라이브 했으며 내가 주교가 되었던 그 교구 관구를 보았다. 그 당시 파르테니아는 하나님의 마음 가운데 있었으며 전 세계를 통하여 전자의 흐름처럼 현제에도 존재하고 있다." 가일롯의 이야기에서처럼, 사이버스페이스 안에 내재된 신적 신기함은 영적으로 21세기의 신학을 새로운 방법으로 전개시키고 있다.

사이버스페이스는 영적 생명력의 근원으로서 기여할 수 있는 능력을 유지하는 한 시공간의 제약을 무시한다. 디지털교회는 전적으로 새로운 맥락에서 영적 공동체를 위한 초대교회 선교 전략을 테크놀로지 형태로 요청하고 있다. 글로벌 도메인 속으로 영적 경험의 확대는 변화의 자연스런 비상경로의 일부가 되는 것도 당연하다. 사이버스페이스는 새롭고 중요한 영적 통찰들을 지니고 있는 영적 에너지들을 경험의 사회 문화적 영역들 속으로 출력시킨다.

예수의 시대정신은 무엇인가? 미래를 예측할 수 있는 통찰력이 필요하다.

대부분의 한국교회들은 돌(stone)이 되어가고 있다. 급속도로 화석화되어 간다. 이 같은 현상은 전형적인 기복신앙으로 샤머니즘의 덕이다. 그 덕을 비판하려는 것은 아니다. 더 큰 문제는 덕의 방향이었다. 세계를 향한, 낮은 자들을 향한, 소외된 자들을 향한, 병들어 죽어가는 자들을 향한, 가난한 자들을 향한, 아웃사이더들을 향한 덕의 빛과 소금이 사라졌다는 것이다. 사라진지도 오래되었다. 그 대신에 한국교회는 특이한 바벨탑을 쌓았다. 하나님의 시력이 그냥 지나치겠는가!

한국교회는 사막의 신기루와 같다. 막대한 십일조와 헌금으로 하드웨어를 구축했다. 예루살렘 성전이 무너질 것을 뻔히 알면서도 말이다. 흔적도 없이 무너져 사라진다. 중동, 유럽의 텅 빈 교회들처럼 공동화 현상이 벌어지고 있다. 가시적인 교회의 황폐화를 목격한다. 교회의 부동산 구매가 하나님의 섭리인가? 앞을 다투어 기도원, 수양관을 짓고 있다. 니체의 예언적 경고-"교회는 열린 무덤이 될 것이다"-를 기억하라.

한국교회는 박제된 비둘기나 독수리 같다. 박제된 하나님의 신상이 교회 안에 있다. 교회 안에 박제된 우상, 포장된 우상이 존재한다. 방송매체의 코미디 설교가 판을 친다. 환호성은 요란하다. 그러나 감동이 없다. 복음의 진지성과 진정성이 상실했다. 교회 밖에 우상과 대처해야 할 시대적 사명을 망각하고 교회 안의 다양한 우상들을 만들어 내고 있다.

한국교회의 무당들은 대부분 신학자, 목사, 신부들이다. 신앙이란 고통의 자유를 누리는 것이다. 굿 내림을 행사하는 무당들은 복채에 많은 관심이 있다. 기름진 양털에 더 많은 관심을 가지고 있다. 복채가 두둑하면 굿판도 하루 이틀 길어진다. 복채에 따라서 성직의 임명이나 위계질서도 달라진다. 신학교들도 학교 발전기금 대신 '헌금'이라는 명목으로 두둑한 복채를 드려야 한 자리 차지할 수 있다. 한국교계의 역기능적 요인들을 어찌 다 말할 수 있으랴! 믿음이란 자발적인 고통에 참여하는 것이다. 자발적인 고통이 불가능한 것이라면 가능하도록 도와주는 것이다. 이 과정에서 진정한 자유를 누리도록 성직자들은 종의 리더쉽을 발휘해야한다. 한 번 교회에 입문한 사람들을 불가능의 가능성이 무엇인지 체험하도록 이끌어 주어야한다. 기독교는 인격적인 신앙공동체이다. 물질적인 신앙공동체가 아니다. 불가능의 가능성을 불가능하도록 만들지 마라.

한국교회들은 "우물 안에 개구리"와 같다. 아니 그렇게 된지 오래다. 교파간의 기득권을 유지하기 위한 경쟁으로 에너지를 낭비하고 있다. 에큐메니컬을 강조하는 주님의 음성에 마이동풍이다. 스스로 개탄한다. 그러나 변화는 없다. 요지부동이다. 개탄의 에너지까지 잃고 말았다. 노령화 되어간다. 성령께서 말할 수 없는 탄식으로 애통해하며 한국교회를 떠나고 있는 것이다. 그 책임은 모더니즘적 발상의 사고를 지니고 있는 신학자들과 목회자들, 종교지도자들의 책임이다.

대부분 한국교회들은 돌연변이가 되었다. 토착화 신학, 해방신학, 정치신학, 희망신학, …무엇이 이 시대의 한반도 신학을 대표하고 있는가? 한국의 신학은 서양의 신학을 이식해 온 것에 지나지 않는다. 그것도 언제나 10년은 쓰다 버린 신학을 패러디 내지는 패스티쉬하고 있다. 한국의 신학대학들이 무엇을 가르치고 있는지 의심스럽다. 그들의 "신학적 창조성"은 무엇인가? 성령은 트로이의 목마처럼, "신학적 트로이의 목마" Theological Trojan Wooden Horse가 21세기를 넘어서 "파루시아"의 성취가 이루어질 때까지 비가시적인 공간에서 구체적으로 활동하신다. 기독교 교육의 중요성을 강조하지만 여전히 모더니즘 틀에서 벗어나지 못하고 있다. 한 세대가 교체 되어야 하나? 이제 이러한 멘트조차 그 의미를 잃고 말았다.

한국교회는 디지털 세계로 그 구조를 변형시켜야 한다. 사이버신학에서 디지털 교회는 사이버스페이스를 예배의 장으로 선언한다. 디지털교회는 "예루살렘 성전을 허물라. 내가 사흘 만에 짓겠노라"고 선언했던 주님의 소마(Soma)와 부활에 그 "반석"을 세우는 것이다. 주님의 부활과 제2의 강림은 "소프트웨어-하드웨어-소프트웨어-하드웨어"의 과정을 겪었으며 겪게 될 것이다.

모든 소마들은 하나의 웹으로 연결되어 있다. 소마는 흙에서 왔으니 흙으로 돌아간다. 중요한 것은 소마 속의 영혼이다. 소마 속의 성령이시다. 소마는 해체되지만 성령은 영원하시다. 소마는 순간이지만 하나님은 영원하시다. 그분은 소마를 창조한 토기장이, 전문기술자이시다. 소마 속에 생기를 불어 넣으셨던 삼위일체 하나님이시다. 웹과 웹 사이에는 하나님이 계신다. 예수께서 웹으로 오셨다. 성령께서 웹 사이를 서핑하신다. 하나님의 GPS가 사이버스페이스에서 포착될 것이다. 모든 기독교인들은 이 하나님의 GPS 시스템을 통하여 영적 풍요로움과 구원의 기쁨과 회개의 탄식과 선교의 장이 열릴 것이다.

한국교회가 세계를 향하여 뻗어나가려면 하루 속히 사이버 신학, 사이버교회, 사이버미션www.cybermission.org으로 신속한 패러다임 전환이 요청된다.

한국교회의 세계화가 되는 그 날까지!

사이버신학의 의식화, 사이버신학의 생활화가 이루어질 그 순간까지!

2008. 1.
목사 심영보
(사이버처치연구소장)
jdewpoint@naver.com

목 차

약어표

CS: Cyberspace
CC: Cyberchurch
VR: Virtual Life
RL: Real Life
CMC: Computer – Mediated Church
SF: Science Fiction
WWW(a): WORD – Word – word
WWW(b): WEB – Web – web
WWW(c): World – Wide – Web
WWW(d): WORD – WEB – World
Mud: Multiple User Dimention, Multiple User Dialogue,
      Multiple User Dungeon
VRML: Virtual Reality Modeling Language
HTML: Hypertext Markup Language
URL: Universal Resource Locators
HTTP: Hypertext Transfer Protocol
TCP: Transmission Control Protocal

제1절 문제제기 및 연구목적

컴퓨터에 기반을 둔 디지털 환경의 구축으로 그 누구도 벗어날 수 없는 시대가 도래했다. 레이저 광선으로 대체될 시각 컴퓨터, 생물학적 이중 나선형 분자를 처리하는 DNA 컴퓨터, 원자들이 위, 아래, 혹은 축 위에서 정보를 암호화시키기 위하여 팽이처럼 회전하는 궁극적인 양자 컴퓨터 등이 출현할 것이다. 이러한 컴퓨터들에 의하여 점진적으로 소형로봇들이 한 번에 한 원소로 다이아몬드를 생산해 낼 수 있으며 10억 분의 1까지 나타낼 수 있는 "미소테크놀로지", 즉 "나노테크놀로지(nanotechnology)"[1]를 구축하여 인류의 생활 방식을 바꾸어 놓을 것이다. 나노테크놀로지의 발전으로 인간의 몸속에는 반도체와 생명공학을 접목시킨 바이오칩(bio-chip)이 내장되어 이른바 "인간 바코드시대"가 머지않아 도래할 것이다.

---

1) http://www.mtholyoke.edu/lits/library/arch/rarebooks/pataf.html

인터넷은 인간이 생각하는 사유체계에 대한 하나의 '거울'이라고 할 수 있다. 디지털은 이 시대의 문화형식을 초월하여 '생존형식'으로 자리 매김 되고 있으며 디지털로 처리된 모든 정보들이 시공간을 초월하여 CS를 통하여 빛의 속도로 전파되고 있다. 1960년대 말 포스트모더니즘의 현상 중의 하나인 "파타피직스(pataphysics)"의 등장으로 CS는 더욱더 빠른 속도로 발전해 가고 있다. 파타피직스는 알프레드 재리(Alfred Jarry)가 1893년 4월 28일 "Guignol" 기사에서 처음으로 사용한 용어로써 형이상학을 초월한 철학으로 규정하고 있으며 형이상학이 물리학을 초월한 학문이라면 파타피직스는 물리학을 초월한 것을 초월하는 것이라고 정의할 수 있다.[2]

이 시대의 파타피직스에 대한 대표적인 예가 있다면 지구 이외에도 하나의 생명체가 존재한다는 전제하에 UFO를 인정하며 그들과의 커뮤니케이션을 시도하고 있는 과학적인 그룹들이라고 할 수 있다. 유신론적 과학자들은 에스겔이 본 "바퀴 속의 바퀴"(겔1: 15 – 17)를 UFO라고 해석하고 있으며 우주의 생명체는 고도의 전자두뇌를 가진 하늘의 천사라고 해석하고 있다. 에스겔이 본 환상뿐만이 아니라 성경텍스트에 등장하는 기적이라는 사건들은 파타피직스적 용어로써 CS를 생성시킨 것이라고 볼 수 있다. 따라서 CS는 어느 과학자의 전문적인 용어가 아니라 성경텍스트에서 등장하는 동시발생적인 하나님의 인식방법이며 커뮤니케이션의 공간이라고 할 수 있다.

하나님의 섭리에 의하여 모든 것이 디지털화될 것인가에 대한 물음에서 그 가능성은 부정할 수 없을 것이다. 이른바 "게놈 프로젝트(genome project)"[3]를 통하여 DNA 칩이 요한이 본 환상의 "666

---

2) http://feature.learningkingdom.com/word/archive1988/11/09.html

DNA" 칩이 될 가능성이 있는가? '사이버 기독종말론'은 배제하더라도 문제는 사이버세계로의 패러다임 전환에 성령은 어느 정도 개입하고 있는가? 그리고 20세기의 신학은 21세기의 신학, 즉 하이퍼신학 혹은 웹신학으로 패러다임 전환이 이루어져야 한다는 당위성에 대하여 어떠한 입장인가를 분명히 표명해야 할 것이다.

CS는 예수 그리스도의 성육신(incarnation)이 무엇을 의미하는지를 상상할 수 있는 또 다른 가능성을 열어 주고 있다고 볼 수 있다. 예수가 이 땅에 오신 목적은 진리가 무엇인가, 진정한 사랑이 무엇인가, 구원이 무엇인가를 몸소 실천하기 위하여 오신 것이다. 자신의 목표를 실현하기 위하여 그가 구체적으로 실천하신 프로젝트가 있다면 유대교를 비롯한 당시의 기성종교들을 어떻게 해체시킬 것인가에 대한 고뇌, 즉 "예수의 소프트웨어(Jesus' Software)"라 할 수 있다. 예수의 소프트웨어가 무엇인가를 가장 잘 나타내 주는 성경적 담론이 있다면 바울의 "혁명적 고백"이라고 할 수 있는 담론, 즉 "너희는 하나님의 성전이며 하나님의 영이 너희 안에 거하시는 것을 알지 못하느냐."라고 할 수 있을 것이다(고전3: 16).

인간의 종교적 욕망은 크로노스(chronos)가 카이로스(kairos)에로 변형시키려고 시도해 온 것은 분명하다. 인간은 kairos가 아니라 chronos의 고조된 의미에 직면해 있는 것이다. 사이버역사(Cyberhistory)[4]의 관점에서 볼 때, 21세기의 역사의식은 특별한 사건으로부터 '최고의 의미'를 추출해 내면서 kairos와 chronos의 통합을 시도해야 할 것이다.

예수 그리스도의 성육신은 하나님의 섭리와 역사 안에서 이루어진 특수한 사건이다. 하나님의 시간, 즉 카이로스(kairos) 안에서 인

---

3) http://www.science.doe.gov/obr/hug_top.html

4) http://perso.wanadoo.fr/xavier.shallantin/manifa.html

간의 시간인 크로노스(chronos) 속으로 특별히 인간의 모습, "소마(Soma)"로 오신 것은 신기한 일이다. 요한 기자에 의하면, 예수가 마리아라는 처녀의 몸에서 출생하여 세상을 창조했으며 하나님과 태초에 함께 계셨다고 고백한다. 성육신은 인산의 이성과 감성 그리고 인간의 생태학으로는 풀 수 없는, 오직 하나님 자신만이 알 수 있는 언어, 즉 "하나님의 암호"와 같다고 볼 수 있다. 다시 말하면, 3차원적인 언어로는 풀 수 없는 신비한 비밀이며 3차원의 세계를 초월하는 언어인 "사이버(Cyber)"의 출현을 예견한 카이로스와 크로노스의 충돌사건이며 그리스도의 "십자가의 사건" 역시 이와 동일한 맥락에서 이해할 수 있다.

예수 그리스도는 완전한 인간이며 완전한 신이기 때문에 그의 존재는 원래 카이로스적이지만 크로노스적 존재로서 이 땅에 오신 것이다. 요한기자는 아브라함이라는 크로노스적 존재보다 이미 예수 그리스도는 카이로스적 존재로서 하나님과 함께하셨다는 것을 예수 자신의 담론을 통하여 강조한다(요8: 58). 이 같은 두 양태의 존재론적 의미는 카이로스적 존재가 크로노스적 공간적 존재로, 크로노스적 공간 존재가 다시 카이로스적 공간 존재로서 사역하다가 카이로스적 공간 속으로 들어간 것이다. 즉 예수 그리스도 안에는 카이로스와 크로노스가 공존하면서 가상(virtuality: 초월성)과 현실(reality: 내재성), 하드웨어와 소프트웨어가 공존하는 의미를 가진다고 볼 수 있다. 사이버의 세계는 예수 그리스도 안에 "있었던 – 있는 – 있게 될" 카이로스와 크로노스의 세계를 가장 효과적으로 전달해 줄 수 있으며 무한한 상상의 언어, 특별히 "하나님의 암호"를 무한한 시공간을 통하여 전달될 것이다. "하루가 천년 같고 천년이 하루 같은" 카이로스의 가상적인 무시간성은 현실적 크로노스의 시간성에 충격을 가하여 해체시킨다고 볼 수 있다. 그리스도의 시간성은 결코 전통적이며 율법적인 것이 아니라 개혁적이며 복음적인 것이며 이러한 시간 속에 예수 그리스도는 언제나 생동감 있게 역동적으로 인류에게 다가오는 것이다. 예수의 복음은 모든 인류에게 직접적인 관련성을 지니고 있다. 따라서 크로노스의 순간이 다가올 때까지 그의 복음은 세상 끝까지 전파될 것이다.

예수 그리스도는 종교를 해체하기 위하여 이 땅에 오셨으며 우리가 곧 하나님의 영이 머무는 진정한 성전이라는 것이다. 예수의 소프트웨어가 구체적으로 어떻게 표출되고 있는지를 살펴보면, 첫째, 그는 우리에게 인자하시고 사랑이 많으신 하나님 아버지, 즉 아바(Abba)에게 직접 기도하도록 가르치셨으며 직접적인 기도와 만남, 대화와 교제, 접속은 그 어떠한 외적인 관찰이나 대중기보다도 중요하다. 둘째, 엄격한 안식일의 준수도 중요하지만 그것보다는 신령과 진정으로 드리는 예배와 경배가 더 중요하다고 가르치셨다. 그 자신이 안식일에 치유의 활동은 물론 사랑을 실천하며 안식일의 준수여부를 떠나서 사람들에게 용기와 희망을 간단없이 북돋아줌으로써 주인 되심을 강조하셨다. 셋째, 그는 종교적 환경 속에서 안정을 찾아 안주하는 교권주의적이며 제도적인 "성전"에로 우리를 초대하는 것이 아니라 영원한 생명과 삶의 지혜가 되는 "역설적인 미학", 즉 고난받는 이웃들과 함께하는 살아 숨 쉬는 역동적인 사랑과 희생이 꽃피는 신앙공동체로 우리를 초청하는 것이다. 넷째, 그는 예루살렘 성전에 대한 공격은 물론 그 몰락을 예언하셨으며 성전은 모든 사람들이 기도하는 집이라고 가르치셨다. 여기서 그는 모든 시대의 제도화된 종교들을 해체시킨 것이다. 다섯째, 아바는 우리에게 "변화산"상에서 말씀하신 예수의 거대담론에 귀를 기울이라고 명령하신다. 이 엄청난 사건을 기념하기 위하여 "성소(shrines)"를 세우자는 베드로의 프로젝트를 예수는 일언지하에 거절하신다. 신비한 신앙적 체험을 구체적으로 표출시키고 싶어 하는 욕망을 가진 베드로의 성전 프로젝트, 즉 베드로의 우상은 철저하게 해체된다고 볼 수 있다. 따라서 베드로는 시간과 공간을 초월한 CC의 공간과 변화산상에서 말씀하셨던 예수의 소프트웨어를 이해하지 못했던 것이다. 여섯째, 세례요한은 예수의 세례요청을 거부했지만 모든 의를 이루기 위한 과정으로 예수에게 세례를 베푼다. 그러나 그가 증언한 예수는 "성령으로 세례를 주시는 분"으로 고백하고 있으며 예수가 요한에게 세례를 받았을 때, 오직 하나님만이 하실 수 있는 일, 즉 사제들이나 종교적 단체들의 중재적인 사역 없이 모든 개인들에게 임하셨던 불, 혹은 성령의 세례였음을 요한은 고백한다. 일곱째, 예수께서 제자들과 함께 떡을 떼시었던 최후의 식사는 상당히 조직화되고 제도화된 예루살렘 성전과 같은 가시적인 하드웨어가 아니라 마치 '가정교회(house church)'와 유사한 이름 없는 어느 가정집 다락방에서 간단히 식사를 하시면서 자신을 잊지 않고 기억해 달라는 그 자신의 소프트웨어였던 것이다. 여덟째, 조직화된 종교와 우상을 공격의 대상으로 삼으시고 해체시키기 위하여 오신 예수의 "종교혁명"은 "종교 아닌 종교의 신앙공동체"라는 패러다임을 제시하게 되었으며 당시 종교지도자들과 로마정부의 분노와 비난에도 굴복하지 아니하고 십자가를 지신 것이다. 예수는 변화하지 않으면 해결될 수 없는 문제들에 대하여 단순히 도덕적이고 윤리적인 해답을 제시하지 않으셨으며 "아바"가 우리에게 주신 새로운 영이 필요하다고 말씀하신다. 그는 매개자(middle man)를 제거하신 것이다. 아홉째, 예수는 단순히 국가와 종교라는 조직에 의하여 고통과 죽음을 당하신 것이 아니라 기꺼이 그 길을 스스로 택하신 것이며 전통종교에 대한 그의 해체는 승리의 부활을 가져올 수 있었다. 아바와 함께 우편에 계신다는 신앙형식이 생성된 것이며 믿는 자들은 누구든지 성령의 선물을 받게 되며 이것이 요한기자가 선포한 불의 세례였다. 열 번째, 예수의 진실을 목격했던 수많은 증인들이 그의 "승천"을 목격했으며 "불같은 성령의 권능"을 체험하고 그들이 보고 감동했던 기적을 기념하기 위하여 소그룹으로 신앙공동체를 형성했던 것이다.

"크로노스적 하드웨어"는 창세기 기자의 담론처럼 모든 것은 흙에서 왔으니 흙으로 돌아갈 것이라고 주장한다. 그러나 "카이로스적 소프트웨어"는 영원하며 하나님의 나라에 들어 갈 것이다. 낡은 부대와 같은 역사적인 유물만을 아날로그 방식으로 찾아다니는 패러다임을 이제는 새 술을 담을 수 있는 디지털 방식의 신학적ᐨ신앙적 패러다임으로 전환해야 할 때가 도래했다고 본다. CS는 과거의 전통적인 교회의 시공간적인 개념을 수정해야 할 상황을 생성시키고 있으며 21세기는 그리스도의 선교적 사명은 물론 새로운 기독교의 역사를 요한기자의 "지독한 과장법"(요21: 25)을 동시 발생적으로 손쉽게 해결할 수 있으며 성경하이퍼텍스트로써 다시 기록하도록 하는 변화의 세기가 될 것이다. CS는 CC의 알파가 됨은 물론 오메가로써 하나님의 나라가 이 공간에서 성취될 것이다.

인터넷의 폭발적인 성장과 함께 제기되고 있는 문제 중의 하나는 인터넷이 어떻게 종교에 영향을 미치고 있는가 하는 점이다. 사이버 문화가 확산되어 가는 과정 속에서 종교도 이 문화에 대한 이해와 적응이 필요하며 단순한 문화적용의 차원이 아닌 실존적 생존적인 차원에서 대처해야 할 필요성을 느낀다. 오히려 앞서 시대의 징조를 파악하여 미래의 일을 제시해 주어야 할 기독교는 "너희는 지나간 일을 기억하려고 하지 말며 옛일을 생각하지 말아라. 내가 이제 새 일을 하려고 한다. 이 일이 이미 드러나고 있는데 너희가 그것을 알지 못하겠느냐? 내가 광야에 새 길을 내겠으며 사막에 강을 내겠다."(사43: 18 - 19)는 이사야의 고백처럼 사이버신학자와 사이버 목회자들은 CS의 세계에서 새로운 웹의 길을 구축하고 웹의 강을 개척해야 한다고 본다. 과거보다도 현저하게 그 출석률이 감소되어가고 있기 때문에 전통적인 "지역교회는 40년이 지니면 죽게 될 것이다."[5]라는 통계보고서가 영국에서 발표되었다. 가장 중요한 이유는 지역교회들의 활동에서 찾아볼 수 없는 영적인 해답들을 인터넷을 통하여 찾을 수 있기 때문에 "사이버처치"들의 급격한 성장과 신앙인들의 참여로 보고 있다. 이른바 하나님의 "초고속 영적 특매장"이라고 할 수 있는 CS의 공간은 알곡과 쭉정이, 즉 기독교인들뿐만이 아니라 비기독교인들에 이르기까지 함께 공존하는 통합의 장이 될 것이다.

　대부분의 종교들이 자신들의 신학이 참된 구원의 길이라고 생각한다. 다양한 종교적인 이데올로기들의 갈등들은 내외적으로 표출되어 왔지만 CS에서 종교 문화 교차적 만남을 통하여 공존을 통한 새로운 화해의 장이 열리고 있다. 인터넷은 모든 종교의 패러다임을 변화시킬 무한한 잠재력을 지니고 있으며 문화장벽의 해체를 지향하면서 대화의 문을 확장시키고 있다. 또한 비축된 정보들을 동시 발생적으로 전달하고 있으며 복음의 메시지가 "땅 끝까지" 매 순간마다 급속도로 전파하는 데 주된 도구가 되고 있다. 그러나 웹은 단순한 텍스트의 이상을 의미하기 때문에 창조적이며 생산적인 사이트의 구축이 필요하다.

　인터넷을 통한 미래의 종교 간의 갈등은 물론 정통과 이단의 시비문제로 논쟁의 여지를 야기할 수 있지만 "적과의 동침"이야말로 정통을 주장하는 정체성을 더욱 공고히 할 수 있으며 문화교차적

---

5) http://www.independent.co.uk/news/UK/This - _Britain/2000 - 04/
　dead160400.shtml

인 접속을 통하여 타 종교와 이단의 실상과 실체들을 파악할 수 있을 것이다. 조수아 쿠퍼 라모(Joshua Cooper Ramo)는 "웹상에서 하나님 찾아가기"라는 기사에서 이제 웹의 공간은 예수 그리스도와의 만남을 위한 공간이 될 것이라고 주장한다. 모든 종파들이 저마다 계보학적 데이터베이스를 구축하고 홈페이지를 운영하고 있다. 정통 유대교 웹사이트에서는 해외에 거주하는 유태인들을 위하여 E-mail로 기도문들을 전송하여 통곡의 벽에 끼워 넣을 수 있도록 하는 프로그램을 운영하는가 하면 어느 베트남의 소종파에서는 프랑스의 소설가인 빅토르 휴고(Victor Hugo)를 성인의 한 사람으로 경배하고 있는 종교적 실상을 인터넷을 통하여 알 수 있다.

수많은 세계 종교들의 경전들이 웹상에 등장하며 하이퍼링크를 통한 접속으로 하이퍼신학(hypertheology)[6]이라는 용어가 생겨난 것이다. 따라서 기독교 고유의 "신학"이라는 범주만으로 볼 수 없으며 모든 종교의 이데올로기들이 통합되는 신학의 공간, 즉 하나님의 웹신학(webtheology)이 탄생한 것이다.[7]

인터넷이 종교와 신앙에 미치는 영향을 크게 두 가지로 생각해 볼 수 있다. 첫째, 신앙과 문화가 다른 사람들의 접속을 통한 만남과 대화의 잠재성으로 전통적으로 체계화된 회중 중심의 관행이 해체되고 개인적인 종교적 의식과 경험으로 그 패러다임이 변화되어 간다는 점이다. 둘째, 웹신학의 발전으로 보다 많은 정보들을 가진 종파들은 1970년대와 80년대의 복음주의 목회자들의 TV설교 등의 관점에서 볼 때 보다 더 강력한 하이퍼신학의 정체성을 구축해 나갈 것이다. 하이퍼신학이 요구하고 있는 것은 아마도 하나의

---

6) http://www.balancedscorecard.org/bridge/ASA/ht/intro.html, Time, December 16, 1996

7) http://www.members.home.net/diature/united/ph2paper/wt2webtheo.html

통일적이며 에큐메니칼적인 디지털 신앙공동체의 출현일 것이다. 이 과정에서 가장 종교에 미치는 영향은 CS에서의 종교적 의식과 시공을 초월하는 예배의 공간일 것이다. 화상회의로 알려진 네트워크 접속의 발전으로 사이버 예배의 잠재적인 가능성들이 이미 현실로 다가왔으며 실천신학의 관점에서 볼 때 그 속도가 빠르게 진행되고 있는 상황이다. 따라서 전통적인 신앙공동체들의 변화와 함께 하이퍼신학의 필요충분조건이 성숙해진다면 CC가 세계최대 공동체가 될 것이다.

21세기의 새로운 과학기술 및 정보화의 패러다임의 전환으로 신학과 신앙도 그 패러다임이 바뀌어야 할 것이다. 이 논문의 목적은 "가장 카리스마적인 것이 가장 유명한 것이다."라는 전제는 점점 사라져 갈 것이라는 전제하에 하이퍼신학과 그 실천방안을 구체적으로 제시하는데 일차적인 목적이라고 할 수 있다.

제2절 연구방법과 범위

전통적인 아날로그 방식의 신학에서 탈피하여 하나님께서 인류에게 부여한 CS에서 디지털 방식의 신학으로 전환해야 할 시대를 맞이하게 된 것이다. 종교계의 보수적인 현실이 커뮤니케이션을 비롯한 테크놀로지의 혁명에 앞서가지 못하고 있는 것이 오늘의 현실이다. 21세기를 살아가는 신학자들과 목회자들은 이 시대의 징조를 파악하고 미래를 예견하여 인류의 장래에 방향을 제시하고 새로운 환경의 "하나님 나라" 확장에 책임져야 할 사명을 지니고 있다고 보아야 한다. 아직도 하나님이 인간에게 부여한 정신과 지성, 이성의 힘을 과소평가함으로써 과학으로는 하나님의 존재와 섭리를 발견할 수 없다고 '항변'하는 신학자들과 목회자들이 있다. 인간의 무의식과 의식의 세계는 마치 언어처럼 구조화되어 있기 때문에 이러한 '항변'은 곧 CS의 디지털 세계가 성서에서 출발하고 있다는 사실을 간과하고 있다고 볼 수 있다. 우주가 창조되기 전의 '하늘나라'의 세계는 가상의 세계, 즉 소프트웨어의 세계로서 하나님의 창조사역의 가장 기본적인 영역이라고 할 수 있다. 이러한 가상의 영역이 구체적이고 현실적인 하드웨어의 세계로 출력되는 과정에서 하나님의 섭리를 이해할 수 있을 것이다. 특별히 하나님의 구원사의 과정에서 나타나는 물리적이며 화학적인 변화와 시공간을 초월하는 기적의 사건들은 CS에서 이해할 수 있는 가능성을 열게 된 것이다.

우리는 '바로 지금' 즉시 그리고 동시적으로 모든 것이 포착되며 또한 접속할 수 있는 '전자언어'의 시대를 살아가고 있다. 거대한 그물망을 형성하고 있는 새로운 전자언어는 복음과 하나님의 선교를 효과적으로 전달할 수 있는 인스턴트 피드백 고리를 형성하고 있다. 아날로그 방식의 전통적인 신학과 신앙의 사유체계만으로는 더 이상 21세기를 감당해 낼 수 없다고 보기 때문에 디지털 방식의 신학과 신앙의 패러다임으로 그 전환이 이루어져야 할 것이다. 따라서 이 논문은 하이퍼링크로 연계되는 "하이퍼신학" 혹은 "웹신학"의 정체성이 무엇인지 밝히게 될 것이며 신앙공동체에서의 그 실천 방안들을 소개할 것이다. 특히 이 논문의 특성상 자료의 인용은 대부분 하이퍼텍스트들이 될 것이다.

하나님과의 만남, 이른바 신앙적 혹은 영적 체험이 무엇인가 그리고 그 과정과 방법이 무엇이었는가라고 묻는다면 그 해답은 '가상적 체험'이라고 말할 수 있다. 인간의 물리적인 힘과 도구에 의한 신앙적 고백과 증언보다는 성령의 물리적인 개입으로 자연적인 변화와 변형의 실재적인 체험이어야 할 것이다. 종교의 궁극은 신앙적 '신비주의'로 귀결된다고 볼 수 있다. 사이버처치(CC)는 하나님의 "사이버은총(cybergrace)"[8])과 인간의 "사이버신앙(cyberfaith)"에 의하여 태동된 것이라고 할 수 있다.

하이퍼신학 혹은 웹신학을 연구하는 본 연구는 전통적인 신학적 카테고리의 경계선을 해체하고 있다. 역사란 승리자들의 선전물이라고 할 수 있다. 신학 또한 그 범위에서 벗어날 수 없는 한계를 지니고 있으며 '신학'이라는 접미사는 "에큐메니칼텍스트"를 지향하는 하이퍼신학으로 통합되어 나타날 것이다. 본 연구의 연구범위와 그 한계는 다음과 같다.

제2장에서는 인류문명의 발달과정이 이제는 '두레박 시스템'에서 '도르레 시스템'으로 전환되어야 한다는 전제를 제시한다. 사이버네틱스(cybernetics)를 기초로 하는 인지과학의 발전과 커뮤니케이션의 혁명으로 20세기 후반까지 지속되어 왔던 '모던적' 사유체계가 디지털을 지향하는 '포스트모던적' 사유체계로의 그 패러다임이 전환되어 가고 있다. 인류의 문화적 삶의 공간이 가상적 삶의 공간으로 전환되어 가고 있기 때문에 그 가상현실과 공동체의 정체성을 분석하고 있으며 특히 신학과 과학의 연관성을 다루고 있다.

제3장에서는 하나님의 영감으로 기록된 '성경텍스트'와 '성경하이퍼텍스트'를 비교 분석한다. 전통적인 성경텍스트에 대한 분석과 비판으로 이제는 성경이 '하이퍼텍스트적'으로 구성되어 있다는 점을 강조한다.

제4장에서는 헬레니즘을 대변하는 "로고센트리즘(Logocentrism)"[9])

---

8) Jennifer Cobb, Cybergrace(New York: Crown Publishers, Inc., 1998)

을 전통보다는 해체적 관점에서 분석하여 '로고스'가 유기체로서 '소마'로 전환되는 과정을 그물망과 같은 '웹의 구조'로 해석한다. 해체주의 궁극적인 관심은 새로운 '사이버' 문화의 가능성을 제시하는 것이다. '말씀'과 '이성' 중심적인 사유의 한계를 극복하기 위하여 '실재'와 '가상'이라는 이분법을 해체하고 이들의 관계가 상호 연계되어 있다는 점을 강조한다. 가상의 세계, 즉 '하나님 나라'와 실재적인 현실의 세계, 즉 이 '세상'과의 관계성은 예수의 '성육신'이라는 유기체적 구조로서 안과 밖, 중심과 주변이 하나로 전환되어 계보학적인 순서가 분리되면서 논리적 사고의 선택을 가능하게 해주며 상호 연계되어 있는 "뫼비우스 띠(moebius strip)"와 같은 구조를 지니고 있는 것이다. 이 같은 구조는 바울이 제시하는 '몸'의 은유에서도 잘 나타나고 있으며 웹으로서의 소마를 강조해 주고 있는 것이다.

제5장에서는 '말씀', '웹', '세계'에 대한 기호학적이며 의미론적인 해석을 시도한다. 성경텍스트의 기자들이 증언하는 '말씀'에 대한 재해석으로 "WORD – Word – word", 하나님 자신이 될 수 있다는 은유적 "WEB – Web – web", 하나님의 사역의 장이 될 수 있는 사이버 공간에서의 "World – Wide – Web", 새로운 창조적 구원의 드라마로서 하나님의 '디지털선교학'과 '디지털설교학'의 패러다임 – '프리텍스트 – 텍스트 – 컨텍스트' – "Word – Web – World" 분석한다.

제6장에서는 '인터페이스'[10])에서 '사이버스페이스'에로의 전환과정을 분석한다. 두 시스템 간의 소통장소, 하드웨어나 소프트웨어, 혹은 둘의 결합물에 적용되는 인터페이스는 인간과 디지털 기계사

---

9) Jacques Derrira, Of Gramatology(Baltimore and Londen: The Johns Hopkins University Press, 1977), p.22

10) http://perso.wanadoo.fr/xavier.shallantin/manifa.html

이의 접촉점을 지시해 주고 있다. 21세기는 인간과 테크놀로지의 체계가 상호작용하는 인터페이스가 확대되며 디지털에서 VR에로의 이론적, 감성적인 논리가 구축되고 있음을 강조한다.

제7장에서는 사이버하나님, 이-메일 하나님, 컴퓨터하나님 등의 '하나님의 과학'이 역사하는 CS는 '거룩한' 공간이며 기술이교주의(Technopaganism) 문화가 어떻게 형성되고 있는지를 분석한다. 우주의 '원초적인 힘'으로서의 하나님의 정체성을 제시해 줄 수 있는 "스타트렉 신학(Star Trek Theology)"[11], 거대한 의식, 즉 테일하드의 "정신영역(Noosphere)"이 내재되어 있는 거대한 '우주두뇌'의 출현 등 '하나님으로서 넷'을 강조한다.

제8장에서는 이 시대의 사역자들, 즉 '사이버목회자', '사이버신학자', '사이버전도사'로서 시대를 읽어낼 줄 아는 전문성과 영성을 겸비해야 한다는 것을 강조한다. 웹상에서 하나님을 찾는 시대가 도래한 것이다. 인터넷 네트워크는 하나님의 선물이다. 이 같은 하나님의 은총의 선물을 세상과의 접속공간으로 최대한 활용할 수 있어야 한다. 21세기의 디지털 세계에서 살아남기 위한 '생존신학', '생존신앙'을 하이퍼신학의 관점에서 CS 안에 구축해야 할 것이다.

제9장에서는 실천신학적 관점에서 본 '사이버신앙공동체'의 목회 전략을 제시한다. CC에서의 기도, 설교, 찬양, 성례전, 교육, 친교, 선교, 영성, 상담 등을 '사이버프락시스(Cyberpraxis)' 관점에서 그 모델과 방향을 제시하고 그 실천방향의 타당성과 점검해 본다.

제10장에서는 사이버처치의 미래를 두 개의 시나리오, 즉 '사이버 에덴'과 '사이버 지옥'의 관점에서 살펴본다. 일반적으로 사이버 세계를 이분법적으로 논의한다는 것 자체가 하이퍼신학을 추구하고 있는 본 연구의 취지에 맞지 않는다는 생각이 든다. 전자의 관

---

11) http://members.aol.com/Heraklit1/startrek.htm

점에서 본다면 '디지털 엑소더스', '디지털 복음'을 제시함으로써 '하이퍼계급(hyperclass)'', '하이퍼시민(hypercitizen)'의 등장과 함께 '하이퍼신앙인(hyperchristian)'들에 의한 CC의 성장은 가속화될 것이다. 그러나 후자의 관점에서 본다면, '사이버 에덴'은 또 다른 유형의 '실패한' 뉴미디어로써 '사이버 지옥'이 될 수 있다는 것도 주목해야 할 것이다.

제3절 기본용어 해설

1. Cyberspace(CS): 이 용어는 원래 윌리엄 깁슨(Willim Gibson)의 공상과학 소설 <뉴로맨서(Neuromancer)>[12]에서 사용된 용어라고 볼 수 있다. 사이버스페이스는 상상의 세계뿐만이 아니라 인간의 모든 물리적인 활동들, 특히 커뮤니케이션에 대한 활동이 CMC(Computer-mediated communication) 테크놀로지를 이용하는 사람들에 의하여 나타나는 '공간'이라고 볼 수 있다. 이 용어에 대한 최초의 사용자가 깁슨이라고 한다면 그 사상적 기초를 확립한 인물은 테일하드 드 샤르댕(Teilhard De Chardin)이라고 할 수 있다. 샤르댕의 "Noosphere" 개념, 즉 "정신 혹은 마음의 거대한 집단적 유기체의 창조"라 할 수 있는 "신경-넷(neural-net)" 테크놀로지를 구축하는 데 기여하고 있다고 볼 수 있다. 사이버스페이스를 성경적 관점에서 본다면 무엇보다도 사이버스페이스는 성경에서 출발하고 있다고 볼 수 있다. 왜냐하면 이른바 성경에서 나타나는 모든 기적의 사건들은 바로

---

12) http://www.wsu.edu:8080/~brians/science_fiction/neuromancer.html

사이버스페이스에서 일어나는 사건들과 유사하며 또한 물리적인 변화, 화학적인 변화, 시공간의 이동과 변화 등은 사이버스페이스로 그 해석이 가능하며 용이하게 전달할 수 있기 때문이다.

2. Cyberchurch(CC): 기존의 전통적인 교회는 물리적인 공간에서 볼 수 있는 가시적인 교회라고 한다면 사이버처치는 물리적인 공간에서 볼 수 있는 교회가 아닌 비가시적인 교회로써 사이버공간에서 형성되는 교회라 할 수 있다. 아브라함의 장막공동체를 비롯하여 초대 교회의 신앙공동체는 비가시적인 신앙공동체였다고 할 수 있다. 그러나 인간의 가시적인 '공간문화', 즉 건축문화가 발전함에 따라서 교회의 신앙공동체도 '가시적인 공간 신앙공동체'로 변화를 초래한 것이다.

1960년대 포스트모더니즘의 등장과 함께 사이버세계의 출현으로 가시적인 공간 신앙공동체가 '비가시적인 사이버 신앙공동체'로 서서히 그 패러다임이 바뀌어 가고 있는 현실이다. 1995년 제1차 사이버처치 위원회 활동 보고서[13]를 시작으로 해마다 발표하고 있으며 21세기에는 그 '빛의 속도에서 신앙'을 찾게 되는 시대가 도래한 것이다. 이것은 '삼위일체' 하나님의 '동시 발생적인' 인지능력에 비추어 볼 때, 사이버처치는 전통적인 가시적인 공간 신앙공동체를 대체하게 될 것이다.

3. Hypertext: 브라우징(browsing)이란 여러 문서 중에서 특정문서로 가는 단추누름식 접근을 의미하는데 테드 넬슨이 명명했듯이 "하이퍼텍스트"라고 부른다. 하이퍼텍스트와 그 후손격인 하이퍼카드는 이미 비선형적인 읽기 방식으로 진화하고 있다. 제임스 조이스(James Joyce)가 지은 <피네간 경야(Finnegans Wake)>와 같은 책들은 하이퍼텍스트로 간주할 만한 가치가 있다. 하이퍼텍스트는 비

---

13) http://www.cyberchurch.org

선형적이며 조합적인 문체를 강조한다. 또 단추만 누르면 배경지식과 주석들이 튀어나온다. 프랙털 구조에서처럼 하나의 문서는 자기 자신에게 언어로 되돌아가며 하이퍼텍스트는 전환, 연결고리, 회귀 모티프, 자기 지시와 같은 것을 보여 준다. 하이퍼텍스트는 모든 기호창작을 위한 무제한적인 교차－참조의 시스템을 보여 주고 있다. 성경텍스트는 한마디로 하이퍼텍스트의 천국이라고 할 수 있으며 하이퍼텍스트의 관점에서 해석되어야 할 것이다. 이러한 하이퍼텍스트의 관점에서 해석하는 것을 '사이버 해석학(cyberhermeneutics)'이라고 부른다.

4. Virtual Reality(VR): 중세의 논리학자인 존 둔스 스코투스(John Duns Scotus)가 말한 "가상적으로(virtualter)"라는 단어는 그의 고유한 실재론을 구성하는 데 필요한 핵심개념이라고 할 수 있다. 그는 한 사물의 개념은 경험적인 속성들을 형식적으로가 아니라 가상적으로 담지하고 있다고 주장한다. 사물의 성질을 알기 위하여 비록 우리의 경험을 들추어낸다고 할지라도 스코투스가 볼 때, 실재의 사물은 단일한 통일체 일부에 자신의 경험적인 성질들을 이미 포함하고 있다. 그러나 그것은 가상적으로 그 성질을 포함하고 있는 것이다. 그렇지 않으면 그런 사물의 성질들로 고정되지 않을 것이다. 스코투스는 '가상적'이라는 용어를 써서 우리의 개념적 기대치에 의하여 정의되듯이 형상적으로 통일된 실재와 무질서하게 다양한 경험들 사이의 간격을 연결시키고자 했다. 이와 유사하게 우리도 '가상적'이라는 용어를 써서 주어진 환경과 한층 더 인공적으로 첨가된 차원 사이에 벌어진 간격을 없애고자 한다. 가상공간은 자연적인 물리적인 공간과 대조적인 개념으로 정보적으로 동일한 가치의 사물들을 포괄한다. 가상공간은 우리로 하여금 그 속의 사물들을 마치 우리가 직접 물리적인 또는 자연적인 실재들을 다루고

있는 것처럼 느끼게 만든다. 마치 ~인 것처럼······ "as if"의 철학[14]은 스코투스의 용어와 부딪치면서 멈추어 서게 되는데 스코투스는 모든 고전적인 형이상학자들처럼 우리가 사용하는 개념들이 외저으로 고정된 사물늘의 본질과 곧바로 일치하고 있다고 가정했기 때문이다. 그는 원초적인 경험들이 플라톤이 사용한 '진정한 실재'를 이미 드러내고 있다고 믿었으며 따라서 VR을 경험의 한 측면으로 간주할 수 있었다. 고전 철학자들이나 중세 철학자들은 실재를 불변하는 경험의 변하지 않는 특징과 등치시켰다고 볼 수 있다. 그리고 이러한 소박한 실재론은 인간을 세계 내에 고정시켜 준 것이다. 중세시대의 사람들은 그러한 고정된 닻이 강력하고 변하지 않는 신(God)과 닿아 있다고 믿었다.

실재의 보증수표를 위한 닻을 유동적이고 변화하는 세계의 바깥에 위치시킬 수는 없는 것이다. 보편적인 신성은 결코 사물들에게 변하지 않는 안정성을 확보해 주지 못한다. 그러나 우리는 사이버 세계를 향상시키기 위하여 어떤 의미에서든 형이상학적인 닻을 필요로 한다. 가상의 세계는 오직 우리가 그것을 닻이 내려진 실재의 세계와 대비시킬 수 있는 경우에 한하여 가상적일 수 있다. 따라서 가상세계는 상상적인 실재의 미묘함을 간직하고 광적인 것이 아니라 유쾌한 다양성을 유지할 수 있을 것이다.

5. Multiple User Dimension, Multiple User Dungeon, Multiple User Dialogue(Mud): 머드는 사용자가 컴퓨터의 입출력 정보들을 탐색할 수 있는 컴퓨터 프로그램이다. 사용자들은 컴퓨터화된 인물, 화신, 구체화, 성격 등을 통제할 수 있으며 다른 컴퓨터상의 인물들과 산책, 대화, 탐색, 게임 등을 할 수 있다. 심지어 사용자는 자기 자신만의 방을 구축하여 마치 물리적인 모든 데이터를 입력시켜 정치,

---

14) John Barth, Chimera(Greenwich: Fawcett, 1973), pp.27, 48

경제, 사회, 문화, 교육 등 전반적인 목적을 수행할 수 있다. 특히 하이퍼신학은 머드 사용자가 하이퍼텍스트를 통한 대화에 그 초점이 맞추어져 있다고 볼 수 있다.

6. Net: CMC 테크놀로지를 이용하여 전 세계의 사람들에게 연결시켜 주는 상호 교차적인 컴퓨터 조직망에 대한 용어로써 본 연구에서는 웹(web)과 같은 용어로 사용된다. 웹상에서 하나님을 찾으며 "웹상에서 신학(Theology on the Web)"과 선교가 이루어지고 있다.

7. WWW(a): WORD – Word – word(하나님 – 성경텍스트 – 설교)

8. WWW(b): WEB – Web – web(성부 – 성자 – 성령)

9. WWW(c): World – Wide – Web(세계 – 폭 – 웹)

10. WWW(d): WORD – WEB – World(프리텍스트 – 텍스트 – 컨텍스트)

11. Virtual Reality Modeling Language(VRML): "가상현실 모델언어"[15]를 의미한다. 자세한 해설을 참조하라.

12. Computer – Mediated Church(CMC): 컴퓨터를 매체로 한 방대한 지구촌 신앙공동체의 인터넷 네트워크를 말한다.

---

15) http://www.web3d.org/vrml/vrml.htm

제2장
종교와 테크놀로지

제1절 커뮤니케이션의 혁명

역사란 보이지 않게 상실을 야기하는 일련의 애매한 이득이라고
할 수 있다. 현실의 역사를 구성하는 일련의 시대는 다른 해석학적
기획으로 인하여 확장되거나 수축되지만 결코 단일하고 누적된 서
술을 허용하지 않는다. 역사적 변형의 각 계기는 역사의 흐름 속에
서 상실과 이득, 취사선택을 해야 하는 문제를 안고 있다. 역사의
흐름은 긍정적인 가치들을 단 한 번에 평가하고 수집할 수 있게
하는 안락한 천국을 허용하지 않는다. 21세기 또한 예외일 수 없다
고 본다.

급격한 기술적인 진보와 "컴퓨터 문화(computer culture)"가 인간
의 사유체계에 도전하고 있다. 1987년 5월 27일, 교황 요한 바오로
2세(Pope Jonn Paul Ⅱ)는 "원격통신(Telecommunication)"에 관한 선
언문에서 "교회는 컴퓨터문화에 대처하기 위하여 배워야 한다."[16]
고 주장하고 있다. 괴테의 <파우스트(Faust)>에서는 "높은 아치가

있는 좁은 신의 서재"에 안녕을 고하고 있으며 이제 서재는 컴퓨터 워크스테이션에 자리를 양보하고 신학은 "사이버 신학자"와 "사이버 목회자"를 요구하고 있는 시대가 도래한 것이다.

Star Trek과 2001: A Space Odyssey 등의 SF의 내용에 의하면 우리는 키보드를 누르지 않고도 컴퓨터와 대화할 수 있는 날이 올 것이다. 즉 "Open Sesame"라는 음성인식 코드만으로도 커뮤니케이션이 가능한 시대에 살게 될 것이다.

종교와 과학을 마치 데카르트의 이분법적 사유체계로 인식하는 것은 역사와 시대의 흐름을 파악하지 못하는 영적 소경과 같다고 볼 수 있다. 과학과 종교는 하나님의 특별한 계시에 의하여 그 공통분모를 지니고 있다고 본다. 생명공학을 연구하는 과학자들은 우주에서의 생명체에 관한 기원과 유형들의 문제들에 관하여 20세기보다도 더 많은 질문을 던질 것이다. 물리학자들과 천문학자들은 인간의 실존을 규정하는 힘과 분자들에게 의미를 부여하여 하나의 통합된 이론들과 천문학을 지속적으로 추구할 것이다. 인공지능학(cybernetics)[17]을 연구하는 과학자들은 인간과 유사한 사이보그들을 만들어 낼 것이다. 그리고 사이버 신학자들은 과학자들에 의한 물리적인 통찰들을 신학은 물론 영적인 환상, 기도, 치유 등의 경험들에게 접목시켜야 할 것이다. 따라서 레이먼드 쿠르즈웨일(Raymond Kurzweil)과 같은 과학자는 21세기를 "영적 기계들(spiritual machines)"[18]의 시대가 될 것이라고 예견하고 있다.

---

16) http://www.cin.org/index2b.html

17) http://pespmc1.vub.ac.be/CYBERN.html

18) Business Week, August 30, 1999, p.50

a) 하이데거와 디지털

마르틴 하이데거(Martin Heidegger)는 <베크마르켄> 서문에서 자신의 저서들이 정보화의 물결 속에서 사라지지나 않을까 염려하면서 "아마도 역사와 전통은 정보 검색시스템에 순조롭게 들어맞을 것이며 그 시스템은 인공두뇌학적으로 조직된 인류가 갖는 불가피한 욕구들을 충족시키는 수단으로써 봉사하게 될 것이다. 문제는 사고 또한 정보처리의 과제로 귀결될 것이다."라고 말한다. 또한 그는 <세계그림의 시대(The Age of the World Picture)>에서 모든 과학이 컴퓨터 과학으로 합병되어 감에 따라서 17세기의 데카르트 철학의 뿌리를 송두리째 흔들어 놓았다고 주장한다.

1972년 후버트 드레이퍼스(Hubert Dreyfus)는 현상학적 분석을 응용하여 컴퓨터가 할 수 있는 것과 할 수 없는 것을 신중하게 그려내야 한다고 주장했다. "컴퓨터가 할 수 없는 것(What Computers Can't Do)"에서 드레이퍼스는 20세기 중반의 문화가 어떻게 인간을 정보처리의 시스템으로 해석해야 하는지에 대한 연구로 인간의 두뇌를 프로그램화된 컴퓨터라고 간주할 수 있을까에 대한 회의적인 비판이었다. 그는 두뇌가 물리적이기 때문에 두뇌는 정보를 처리할 수 있다는 점을 인정하면서도 인간의 사고는 형식적인 패턴으로 작동하며 적절하게 프로그램화된 컴퓨터는 이러한 패턴들을 복제할 수 있다고 하는 검증되지 않은 독단 속에 쉽게 빠져버릴 수 있다는 것이다. 만약 컴퓨터를 복제할 수 있다면 컴퓨터는 생각을 할 수 있다거나 인공지능을 가지고 있다고 볼 수 있다.

드레이퍼스는 <기계를 넘어선 마음(Mind over Machine)>에서 만약 인간의 사고능력을 복제할 수 있다고 믿는다면 망상에 빠지게 될 것이라고 주장한다. 이 같은 그의 주장은 좁은 의미로써 컴퓨터를 인공지능기계라는 인간의 "대립자(opponent)"로만 본 것이며 컴퓨터를 대립자로 보는 패러다임은 인간과 컴퓨터 간의 결투가 벌어지는 체스 판과 같은 것으로 보는 것이다. 1965년 드레이퍼스는 "연금술과 인공지능(Alchemy and Artificial Intelligence)"이라는 제목의 논문에서 인공지능을 연구하는 학자들을 공격했으나 1967년 MIT 인공지능 학자들은 "맥핵(MacHack)"이라고 불리는 컴퓨터 체스 프로그램을 가지고 드레이퍼스와 공식적인 대결을 벌이도록 하여 결국 그는 패하고 인공지능 공동체가 승리하게 된다.

소프트웨어 프로그램은 명백하게 언급된 지시사항에 따라서 진행되기 때문에 컴퓨터는 본래적인 것이 아니라 파생적인 것으로 규정할 수 있는 "가지성의 차원(level of intelligibility)"에서 작동한다고 본다. 형식적인 패턴들은 실재를 처리하지만 명료성의 막을 통하여 그 실재들을 걸러낸다. 비록 미지의 사물들을 우리의 해석 구조 속에 다시 입력시킨다 해도 패턴들에 끼워 맞춰지지 않는 것은 처리과정에서 사라져 버린다. 플라톤에 관한 하이데거의 초기저서에 의하면 실재를 본질적으로 명료하거나 표상 가능한 것으로 해석하려는 경향은 플라톤에 이르기까지 거슬러 올라간다. 인공지능학자들에 의하면 드레이스는 컴퓨터 속에서 형이상학적인 실체들을 찾고 있었다. 플라톤은 선(Good)이 그 자체로서 존립하는 것이라고 생각했으며 선, 즉 "아가톤(agathon)"은 사물의 형상들에 '생기'를 불어넣어 안정되게 작용하도록 한다는 것이다. 인공지능 역시 초기에는 가장 중요한 것이 형식 패턴이라고 가정했지만 20세기 후반에 와서 "퍼지논리(fuzzy logic)"[19]로 방향을 전환한다.

컴퓨터와 마음/두뇌 사이의 대립은 하이데거가 말한 것처럼 "존재론적(ontological)"이라기보다는 "존재적(ontic)"인 것으로 보아야

---

19) http://www.cs.tamu.edu/research/CFL/fuzzy.html

한다. 컴퓨터와 마음은 존재론적인 문제나 실존론적인 문제가 아니다. 컴퓨터는 인간의 문명이라는 옷감을 짜는 데 중요한 실이 되며 인간과 컴퓨터의 공생관계로 진행되어 가고 있는 현실이다.

마이클 하임(Michael Heim)은 컴퓨터가 주된 문화현상이 될 정도로 기술이 심리적 영역까지 침투해 들어오는 것을 그대로 두고 볼 수 없다고 주장하지만 하임의 그와 같은 주장은 또 하나의 "체스 패러다임"을 시도하는 것이라고 볼 수 있다. 인공두뇌학은 오히려 정신분석학이나 심리학에서 그 발전 속도가 더 빠르다는 사실을 간과하고 있는 듯하며 앞으로 살펴보게 될 엠. 크로이(M. Kroy)의 "마음의 지도(Map of Mind)"에서 인간의 "의식의 흐름"까지도 컴퓨터로 처리되는 과정을 보게 될 것이다.

1957년 하이데거는 사유와 실재가 언어적으로 만나는 곳인 인간 내면 속으로 기술적인 숙달을 향한 충동이 밀려들어 가는 것에 대하여 주목하면서 '컴퓨터'라는 용어를 사용하지 않았지만 "언어기계(language machine)"라는 용어를 사용한다. 이 언어기계가 워드프로세스라는 새로운 형태의 쓰기방식과 사유체계를 산출하게 된 것이라고 볼 수 있다. 하이데거는 전자디지털 텍스트가 자신의 작품을 삼켜버릴지도 모른다는 두려움을 갖고 있었다. 마침내 전자디지털 텍스트는 그 현실을 뛰어넘어 새로운 언어를 산출해 낼 정도로 인간의 언어 위에서 작동하고 있는 것이다.

사고의 속도로 조작할 수 있는 기호들의 집합, 즉 "전자언어"를 고안해 낸 사람은 라이프니츠라고 할 수 있다. 그의 책 <결합법(De arte combination)>은 현대 기호 논리의 역사적 기초가 되었던 언어를 개괄한 것으로 컴퓨터로 매개되는 텔레커뮤니케이션(telecommucation)을 위한 이념적 토대가 되었다. 그의 언어는 자연언어에 의존하지 아니하고 논리적인 연역이 이루어지도록 조작할 수 있는 신호들로 이루어진 표의적 체계이며 인간이 갖고 있는 모든 사상적 갈등들을 기호집합으로 똑같이 번역해내는 일을 가능케 할 수 있는 이진논리에 기초한 보편문자, 즉 '보편언어'라고 볼 수 있다. 육체성을 이탈하고 물리적인 내용이 결여된 라이프니츠의 이진논리는 일상적인 담론의 어휘, 글자, 발화들과는 동떨어진 인공언어에 의존하고 있으며 기호들은 기표(signifiers)와 기의(signified) 간의 거리, 즉 표현하고자 하는 생각과 표현 간의 거리를 사라지게 하기 때문에 기호와 의미 사이에는 아무런 틈새도 존재하지 않는다. 적절한 추진 장치만 주어진다면 라이프니츠의 기호논리는 사유의 속도로 기능할 수 있을 것이다.

인간의 지식은 사물들에 대하여 완벽하게 인식하며 그것들을 연역적인 연결 관계 속에서 인식하는 마치 에덴동산의 '하나님의 지식'과 같은 것을 모방하고 있다고 볼 수 있다. 전지전능한 존재는 유한한 존재들을 초월해 있으며 유한한 존재들은 미래를 예측할 수 없지만 전능한 존재는 인간들의 모든 여정의 과정과 단계들을 알고 있다. 하나님은 과거, 현재, 미래의 모든 가능한 행로에서 순간성이 아닌 영원성의 관점에서 사물들을 조망하고 있다.

라이프니츠는 인간의 지식은 이러한 '신의 관점'에서, 즉 신의 전지적이고 직관적인 인식에 필적할 만한 것이 되어야 한다고 생각했으며 순간적인 동시다발성, "한 번에 모두다(all-at-once-ness)"라고 하는 신적 지식의 특성은 20세기 후반의 인식론적 모형으로 등장하게 되었다고 볼 수 있다. 즉 부분적으로는 신적인 인식에 필적할 만한 것으로 정보의 비트로 구성된 VR을 산출할 수 있게 된 것이다. 이제 인간도 '신의 유희'처럼 즉흥적으로 즐길 수 있는 시대가 된 것이다. 문제는 존재를 이루는 모든 입자 하나하나에 대한 통제권을 누가 쥐고 있을 것인가에 있다고 본다.

라이프니츠의 전자언어(electric language)는 신적인 지성을 모의하는 곳처럼 작용하며 신의 인식은 "한번에 모든 것"이라는 동시 발생성을 지니고 있다. 신처럼 사물에 접근하기 위하여 전 지구적인 매트릭스가 '영원한 현재' 속에 모든 언어를 잡아매는 웹처럼 기능해야 한다. 접근이 선형적이어야 할 필요는 없기 때문에 CS는 원칙적으로 한 지역에서 다른 지역으로 비약을 필요로 하지 않는다. 공상과학 소설가들은 빛의 속도로 여행하는 경험이 어떠한 것인가를 상상해 보기도 한다. 아이작 아시모프(Isaac Asimov) 같은 작가는 그러한 여행이란 "초공간적 도약(jump through cyberspace)"과 같다고 기술한 적이 있다. 그의 소설에 나오는 우주 비행선이 빛의 속도로 달릴 때, 실제적으로 그런 속도로 거리를 두고 떨어져 있는 지점들을 추적하기란 불가능하다. 빛은 분자와 파장으로 이루어진 신비로운 자질을 지닌 것으로 우주공간의 거리에 대하여 시간을 측정하는 데 사용된다. 즉 "우주적 시계로써 빛(light as the cosmic clock)"은 "천년이 하루 같고 하루가 천년 같은" 바울의 시간관은 물론 빅뱅(Big Bang)이론으로 발전되어 온 우주에서의 '순간'이라는 창세기 기자의 시간관을 이해할 수 있을 것이다.[20]

모든 인간의 지각을 문서의 글자들처럼 간주한다면 CS는 하이퍼텍스트에 접근하는 데 필요한 완전한 컴퓨터 환경이라고 말할 수 있으며 CS와 하이퍼텍스트 양자 모두에게 선형적 지각으로는 식별 가능한 움직임의 궤적을 추적할 수 없다. 하이퍼텍스트를 이용하여 찰나적 직관의 속도로 사물들을 연결 짓는다. 하이퍼텍스트와의 상호작용은 빛의 속도보다 더 빠르다. 하이퍼텍스트에서 읽기와 쓰기의 전통적인 방식인 한 단계 한 단계씩의 논리적인 연쇄를 직관적으로 뛰어넘도록 돕는다. 단계가 아닌 비약이 바로 하이퍼텍스트상

20) Gerald L. Schroeder, The Science of God(New York: Free Press, 1997), p.52

에서 움직임의 특징이라고 할 수 있다.

감각적인 하이퍼텍스트를 위한 환경으로써 CS는 마치 마찰력도 없고 시간성도 없는 매체를 통한 운송처럼 느껴지며 현실적으로가 아니라 잠재적으로 모든 것이 한순간에 존재하기 때문에 비약이란 존재하지 않는 것이다.

인쇄문화가 문화와 학문에 미친 영향은 지대하듯이 컴퓨터도 기록된 언어를 구성, 저장, 전송하는 일을 자동적으로 처리함으로써 모든 커뮤니케이션에 영향을 미치고 있다. 현대의 목회도 "커뮤니케이션 목회(Communication Ministry)"[21] 즉 "세계를 향한 문"이라고 할 수 있는 사이버목회(Cyberministry)를 떠나서는 상상할 수 없는 시대가 도래한 것이다. 하이데거는 우리가 운명적으로 "언어기계"를 수용할 것이라고 예견한 것이며 이 언어기계는 "언어를 감독하고 인간의 본성을 지배할 것이다."라고 그가 말했을 때, 그의 명제는 커뮤니케이션을 연구하는 캐나다의 철학자인 마셜 맥루한(Marshall McLuhan)의 입장과 유사하다고 볼 수 있다.

b) 맥루한과 디지털

하이데거와 맥루한은 모두 정보기술과 마음의 작동방식 사이에는 긴밀한 연관성이 존재한다고 보았다. 특히 맥루한은 눈에 보이는 세계의 사물들 뒤에는 감추어진 배경이 있다고 주장한다.

기술이나 인간능력의 신장이 새로운 환경을 창조한다고 말하는 것은 매체가 곧 메시지라고 말하는 것보다 훨씬 좋은 방식이다. 게다가 이러한 환경은 항상 "눈에 보이지 않는" 것이며 그 내용물은 언제나 낡은 기술이다. 그 낡은 기술은 새로운 기술의 감싸기 작용

---

21) http://www.ginghamsburg.org/comm/default.html

에 의하여 많이 변모된다.

"지구촌(Global Village)"이라는 용어를 처음으로 사용했으며 커뮤니케이션의 "매체는 메시지이다(The medium is message)"[22]라고 주장했던 맥루한은 우리로 하여금 컴퓨터가 언어기계로써 또 인간지식의 구성요소로써 특별히 무엇을 하는지 이해하도록 도움을 주며 새롭게 성취한 언어와의 친밀성 속에 머무르고자 하는 테크놀로지와 언어를 존재자의 초월적인 측면으로 간주한 하이데거의 생각에 동조한다. 언어기계를 더욱더 잘 볼 수 있도록 정확한 개념적 각도를 제공해준 사람은 월터 J. 옹(Walter J. Ong)이라고 할 수 있는데 그는 우리의 사고처리를 변형시키고 실재감까지도 변화시키는 방식을 심리역학(psychodynamics)의 영역, 즉 심성의 전환을 새로운 언어저장의 기술로까지 제시한다. 옹은 전자매체가 초기의 대립, 즉 구어체적인 것과 문어체적인 것의 대립을 지양하고 전자공학이 포괄적인 종합을 이룬다고 보았으며 음성지원을 받는 전자시각장치는 마치 출애굽사건 속에서 '구름기둥'과 '불기둥'으로 이스라엘 민족의 해방을 구현하듯이 인간들의 현존을 재창조하고 공동체의 개별화된 구성원들을 사이버공동체로 재통합시킬 수 있다고 보았다.

맥루한이 새로운 커뮤니케이션 매체의 역효과에 대하여 공식적으로 침묵을 지키고 있지만 옹은 '낙원 - 타락 - 낙원복귀'라는 기독교적 서사시에 근거한 보다 더 큰 그림 속에 매체비판을 흡수하고 있다. 맥루한의 영감에 찬 문화변형이론은 워드프로세스의 충격을 상기시키고 있지만 한정된 역사적 변형들 속에서 일어나는 상실감이나 그에 대한 협상의 감정에 대해서는 다루고 있지 않다. 이에 비하여 문화변형에 대한 옹의 이론은 원대한 기독교적 낙관주의와 같은 것이다. 그는 전 지구적 네트워크 속에서 보다 치밀한 공동체

---

22) http://www.fere.com/frand/Wicca2.html

를 창조하여 타락하고 파편화된 인간성을 재건할 수 있는 방법을 모색했다고 볼 수 있다.

c) 엠. 크로이(M. Kroy)와 디지털

20세기가 지향해 가고 있는 학문은 인공두뇌학(cybernetics)을 기초로 한 인지과학이라고 할 수 있다. 인지과학은 인간의 마음과 두뇌의 구조를 연구하여 그 입출력 관계를 소프트웨어/하드웨어 공학에 접목시킴으로써 CS의 환경을 구축해 나가는 것을 말한다. 인지과학은 인간의 마음을 하이테크 마인드(High-Tech Mind)로 규정하고 학문의 카테고리를 해체하여 구분과 단절이 아닌 상호 공존과 통합을 지향하는 것으로 그 응용범위가 광범위하다고 할 수 있다. 즉 공상과학 소설에 등장하는 사이보그들(cyborgs)과 인간들이 함께 공존 공생하는 시대가 될 것이며 인간의 모든 문화가 가상현실이라는 시공간의 향연장으로 패러다임이 바뀌게 될 것이다.

이스라엘 텔아브비 대학 철학과 교수인 M. 크로이 박사는 자신의 저서 <양심 구조이론(The Conscience A Structural Theory)>에서 보이지 않는 정신, 마음, 의식의 흐름을 분석하여 컴퓨터 프로그램화함으로써 "인지모형시스템"을 구축하여 그 처리과정을 제시하고 있다. 크로이는 "이성은 컴퓨터 프로그램이었다(reason were a computer program)." 혹은 "마음은 컴퓨터였다(mind were a computer)."[23]라는 명제를 제기하면서 마음과 양심의 구조 및 그 기능이론들을 체계화하여 컴퓨터에 접목시키고 있다. 이 같은 크로이의 명제는 20세기 후반의 폴 데이비스는 <하나님의 마음(The Mind of God)>(1997)에서 "우주는 컴퓨터인가?(Is the Universe a Computer?)"라는 질문

---

23) M. Kroy, The Conscience(Jerusalem: Israel Universities Press, 1974), p.30

을 도출해 내게 한다. 크로이의 공헌이라고 할 수 있는 "마음의 지도(The Map of the Mind)"는 인간의 모든 정신활동과 그 기능들 사이의 관계성, 그리고 모든 심리학적인 정보들의 흐름과 결과, 즉 기억, 상상, 의지, 양심, 의식, 이성, 본능 등의 상호작용을 도식으로 표출시키고 있다.

디지털 미디어가 모든 인간의 의식과 행동 속으로 침투해 들어올 때 리얼리티는 이미지가 된다고 볼 수 있다. 보드리아르(Baudrilard)는 자신의 에세이 <환상의 전진(The Precession of Simulacra)>에서 전도서(Ecclesiastes)의 성경텍스트를 재해석하고 있다. 즉 이미지, 그림자, 환상 등으로 해석되는 시뮬레이크럼(simulacrum)은 "진리를 숨기는 것이 결코 아니다. 그것은 (눈에 보이지 않는) 무를 숨기는 진리이다. 환상은 참이다(The simulacrum is never that which conceals the truth – it is the truth which conceals that there is none. the simulacrum is true)."라는 것이다. 시뮬레이크럼은 독자적인 의미구조보다 앞서 선행하는 원시적이거나 근원의 리얼리티에 대한 부차적인 것이 아니다. 오히려 "리얼리티가 언제나 그리고 이미 코드화된 것이다. 기호는 언제나 기호의 기호이다(Reality is always already coded. the sign is always the sign of a sign)."[24] 따라서 현대의 추상성은 개념, 거울, 이중성, 지도와 같은 것이 아니며 시뮬레이션도 실체, 창조적인 존재, 영역의 공간도 아니다. 그것은 근원 혹은 리얼리티, 즉 하이퍼 – 현실(hyper – real)이 존재하지 않는 현실적 모형에 의하여 생성된다. 보드리아르는 하나님의 존재는 죽음을 경험하고 단지 이미지 자체로써 이미지 속에 태어난 존재로 보고 있는 것이다.

---

24) Philippa Berry and Andrew Wernick, Shadow of Spirit(London and New York: Routledge, 1992), pp.19 – 20

크로이의 인지모형 시스템은 신약성경의 히브리서 기자의 소프트웨어 패러다임에서 온 것이라고 볼 수 있다. "믿음은 바라는 것들의 바탕이요, 보이지 않는 것들의 증거입니다. 실상 옛 조상들은 믿음이 있었기에 좋은 증언을 받았습니다. 믿음으로 우리는 하나님께서 말씀으로 이 세상을 창조하셨다는 것, 곧 보이는 것은 나타나 있는 것에서 생기지 않았음을 깨닫습니다."(히11: 1-3) 히브리서 기자가 표현하는 믿음은 하나의 소프트웨어로써 비가시적인 "최적가치체계(optimal value system)"[25]라고 할 수 있다. 이 최적가치체계는 가시적인 출력의 결과, 실상, 리얼리티, 즉 증거의 하드웨어를 생성시킨다. 달리 표현하면 비가시적인 것들의 증거가 된다는 것이다. 믿음의 소프트웨어는 하나님이 말씀으로 이 모든 세계를 창조하셨다는 것까지 고백하게 하며 또한 인식하도록 한다. 가시적인 하드웨어의 알파 포인트는 하드웨어가 될 수 없으며 그것은 곧 예수의 소프트웨어 안에 있는 "알파-오메가 포인트" 안에서 비가시적인 소프트웨어가 그 기원의 시작이 된다고 볼 수 있다.

성경텍스트에는 '마음'이라는 어휘가 920여 회나 등장한다. 이 단어들의 컨텍스트들을 분석해 본다면 비가시적인 소프트웨어들이 가시적인 하드웨어로 어떠한 패러다임을 가지고 출력이 되고 있는가를 신앙적 혹은 신학적으로 파악할 수 있을 것이다. 특히 크로이의 '인지모형 시스템'에서 제시하고 있는 <마음의 지도>[26]는 인지과학은 물론 인간의 '의식의 흐름'을 분석하여 '목회상담'에 응용할 수 있을 것이다.

---

25) M. Kroy, Ibid., p.213
26) Ibid., p.44

제2절 가상현실의 정체성

CS에서 공간의 개념은 최소한 사이버의 정체성을 이해하려는 노력만큼이나 복잡하고 난해하다. CS는 현실적인 공간이 아니며 그것은 공간의 차원, 합리성, 논리성, 객관성을 형성하는 공간개념이 결여되어 있으며 비록 여러 가지 다양한 특성들을 지니고 있지만 비공간(non-space)에 대한 아우게(Auge)의 기준에 포함되지도 않는다. 그러나 CS는 장과 같은(place-like) 공간의 의미를 지니고 있다고 볼 수 있다. 실제적으로 CS는 공간, 비공간, 공간이 아닌 공간으로써 세계의 모든 범주들을 수용하고 포용하면서 동시에 그 기능을 발휘하고 있다. 중의성(ambiguity)이 존재하고 있음에도 불구하고 공간과 그 정체성이 무엇인지 밝힐 수 있을 것이다.[27]

CS는 일반적으로 공간성이라는 특성들이 결여되어 있다고 볼 수 있다. 학자들의 지적에 의하면, 그것은 'prana' 혹은 'spirit'이 결여되어 있는 것처럼 보인다. 바로우(Barlow)의 지적에 의하면, CS는 영적이지 못하며 실재적인 생활이 이루어질 수 없는 곳으로 그 공간의 구축은 물리적인 세계를 위한 대체물로써 그 기능을 한다고 볼 수 없다는 것이다. 지속적으로 VR을 이용하는 사람들은 CS에 대한 감성의 증가와 CS를 떠난 물리적 세계에 대한 평가를 언급하고 있다. 바로우의 "중추만월(Harvest Moon)"은 컴퓨터의 전원이 꺼져 있는 상황에서도 존재한다. CS는 무공간(no-place)이라기보다는 비공간(non-place)으로써 인식하는 것이 더 적절하다고 볼 수 있다.[28]

아우게의 정의에 의하면, 비공간들을 정확하게 표현하면 인류학

---

27) http://www.sirius.com/~zohreh/Chapter%20Four.html

28) http://www.eff.org/pub/publication/JohnPerryBarlow/HTML/utne-community.html

적인 공간들이 아니라 초현대성(supermodernity)에 의하여 형성되는 공간이라는 것이다.[29] 그것들은 일시적인 공간들로써 (인생의) 여행자들이나 나그네들이 잠시 머물다가는 "무한한 괄호(immense parentheses)"라고 할 수 있다. 비공간들은 텍스트들에 의하여 공격을 당하고 침해를 받는 공간으로써 정보의 송수신의 기능을 담당하고 있지만 인간 상호 간의 커뮤니케이션으로써 기여한다고 볼 수 없다. 아우게에 의하면, '비공간'이라는 어휘는 둘의 관계가 상호 보완적이지만 분명한 리얼리티를 가리키고 있다는 것이다. 즉 수송, 전송, 상업, 무역, 여가 등 어떤 목적과 관련되어 있는 공간과 이 같은 공간을 필요로 하는 개인들이 관계성을 형성해나간다는 것이다. 또한 인류학적인 공간이 유기적으로 사회성을 창조해내듯이 비공간은 "분리된 계약성"[30]을 창조해 낸다는 것이다. 사실상, 비공간을 통한 여행자들은 본질적으로 익명적이며 단지 체크포인트에서 신분이 검색되고 있으며 자신들의 정체성이 입증될 때만이 그 익명성에 순응하게 된다. 비공간의 이용자들은 언제나 자신의 순수함을 요구받게 된다.[31] 이 같은 정의는 랜드스케이프 텍스트(landscape text), 로그온 되었을 때 암호를 입력해야 하는 정체성 체크 포인트, 분리된 계약성의 의미 등 CS의 경험을 반영하고 있다고 볼 수 있다.

아우게의 주장에 의하면, 다른 사람들과 함께 자신에게 전달되는 랜드스케이프 텍스트를 가지고 여행자가 비장소에서 볼 수 있는 유일한 얼굴, 들을 수 있는 유일한 목소리는 바로 자기 자신이 된

---

29) Marc Auge', Non – Place: Introduction to an Anthropology of Supermodernity, trabs. John Howe(London: Verso, 1995), chapter 3 passim
30) Auge' p.94
31) Ibid.,

다. 어느 고독자의 얼굴과 목소리는 수백만의 다른 사람들을 반향
시킨다는 사실에 의하여 이해할 수 없도록 형성된 것이다. 이와 같
은 관점에서 CS는 비공간으로써 작용하지만 관계성이나 역사성,
정체성과의 연관성으로 정의할 수 없는 공간으로써의 비공간에 대
한 아우게의 기본적인 정의도 고려해야 할 것이다.[32] 이것과는 대
조적으로 CS는 확실하게 비록 가변적이지만 사이보그(cyborg)적인
용어들을 통한 정체성, 과거의 경험과 테크놀로지의 구축을 통한
역사성, 가상공동체의 발전을 통한 관계성을 지니고 있다고 볼 수
있다. 실제적으로 CS는 공간과 비공간으로써 중의적으로 작용하고
있다고 볼 수 있다.

  CS는 또한 상당히 공간과 유사한 특징을 지니고 있다. 즉 홈페
이지(homepage)라는 보편적인 용어와 마찬가지로 이 공간의 주역들
인 네티즌(netizens)들, 그리고 'cyberia'와 'cyburibia'와 같은 용어들
은 보편적인 CS에 대한 메타포들과 용어들로써 공간의 용어 속에
서 CS를 상상하려는 지배적인 욕망을 나타내 준다. 지속적으로 확
대되어 가는 "새로운 세기의 개척지"로써 바로우의 CS에 대한 의
미는 전자개척재단(Electronic Frontier Foundation)을 공동으로 설립
하는 계기가 되었으며 이 단체는 디지털 매체로 표현의 자유와 웹
의 통치에 많은 관심을 갖고 있다.

  상당히 많은 연구가 사이버지질학(Cybergeography)에서 이루어지
고 있지만 인터넷은 지질학적 공간으로써 그 기능 수행을 거부하
고 있다고 말할 수 있다. 그레고리 스테이플(Gregory Staple)의 주장
에 의하면, "서구식 지도작성법은 오랫동안 두 개의 기본적인 틀에
의하여 이루어져 왔다. 첫째, 공간은 지속적이며 순서적이라는 것
이며 어느 한 부분은 언제나 다른 부분이 수반되어 이어지기 때문

---

32) Auge pp.77 - 8

에 틈새가 존재할 수 없다. 둘째, 지도는 영역이 아니기 때문에 그 영역의 지도에서 전체적으로 분리되어 있다. CS와 많은 사이버지도들은 이 같은 두 개의 틀을 해체시키고 있다."는 것이다.[33] 정체성의 재정립과 CS의 구축을 통하여 공간의 개념은 단순히 넷(Net)으로 전이될 수 없다. 마이클 커리(Machel Curry)는 다음과 같이 주장한다. CS를 이해하는 데 최대의 장애물은 CS에 관하여 공간적인 그 무엇이 있다는 신념이다. 혹은 최대의 장애물 중의 하나는 CS는 우리 모두가 이해하고 있으며 그것이 무엇을 의미하는지에 관하여 동의하고 있는 공간의 형태라고 언급할 때, 바로 그 신념을 말한다. 실재적으로 CS를 공간으로써 생각해야 하는 이유는 표면적으로는 분명하게 나타나지 않으며 만약 그것이 사실이라고 하더라도 그것의 의미가 무엇인지 명백히 알 수 없다.[34]

커리의 제안에 의하면, 현실세계 속에서 선택적이지만 공간적으로 일관성이 있는 세계로써 CS의 관점은 궁극적으로 공간이해의 관점에서 볼 때, 이치에 맞지 않는다는 것이며 CS의 공간적 이해를 시도하려면, "동시에 두 공간이 어떻게 존재할 수 있는 것인가에 대한 역설적인 관점을 지적해야 할 것이다. 더욱 부정적인 것은 현실세계에 대한 이해와 특별히 정체성에 대한 본질의 이해를 어렵게 해주고 있다."는 점이다.[35]

---

33) Gregory C. Staple, "Notes on Mappingthe Net: From Tribal Space to Corperate Space," in TeleGeography, Grobal Telecommunications Traffic Statistics & Commentary, Telegeography, Inc., (October 1995)

34) http://www.dpub36.pub.sbg.ac.at/ectp/CURRYP.HTM#Works.Michael R. CURRY, "Cyberspace and Cyberplaces: Rethinking the Identity of Individual and Place", IAMCR/CTP Conference, Sydney, Australia(August 18 −22, 1996)

35) Ibid.

만약 공간적 메타포들을 지속적으로 추구한다면 CS는 가상의 경계가 존재하지 않는 공간으로 상상하는 것이 유익할지 모른다. 이같은 관점은 디지털을 추구하는 학자들에 의하여 일반적으로 해석될 수 있지만 최소한 CS는 지질학적, 언어적, 종교적인 경계들을 해체시킬 수 있는 잠재력을 가지고 있다는 점을 인정해야 할 것이다. 대신에 "공동체들은 계급, 국가, 인종, 성, 언어의 장벽을 초월하여 공통의 제휴적 관심과 목적을 근거로 CS의 구축을 진행시키고 있다."36) 바로우의 "사이버스페이스를 위한 독립선언(Declaration of Independence for Cyberspace)"은 무한한 경계들의 해체를 분명하게 보여주고 있다.

> 산업세계에서의 정부들······ CS는 당신들의 경계 안에 존재하지 않는다. 우리들의 세계는 보이는 세계와 보이지 않는 세계가 동시에 존재하는 세계이다. 그러나 몸체들이 살아 있는 곳은 아니다. 여러분의 재산권, 정체성, 운동, 컨텍스트의 합법적인 개념들은 우리에게 적용시킬 수 없다. 그것들은 물질을 기초로 하고 있다. 여기에는 물질이 존재하지 않는다. 비록 우리가 우리의 몸체에 대하여 여러분들의 원칙들에 대하여 지속적으로 순응하고 있지만 우리는 여러분들의 주권에 대하여 전혀 영향을 받지 않는 가상적 자아들을 선포한다. 우리는 CS에서 정신의 문명을 창조할 것이다. 여러분의 정부가 과거에 이룩했던 세계보다 더 휴머니즘적이고 공정한 세계가 될 것이다.37)

바로우의 선언이 비록 유토피아적이며 창의성이 있다 할지라도

---

36) http://www.eff.org/pub/Net_culture/Misc/cyberanthropology.paper
   Steve Mizrach, "CyberAnthropology", Electronic Frontier Foundation Library
37) http://www.clas.ufl.edu/user/seeker1/cyberanthro/decl‒indep.html John Perry Barlow,
   "A Declaration of Independence for Cyberspace", February 8, 1996

국가정부에서 벗어난 공간으로써의 CS를 드러내고자 하는 최초의 시도로써 기여하고 있다고 볼 수 있다. 그러나 국가적이고 인종적인 경계들이 결여되어 있음에도 불구하고 CS는 결코 "위치(location)" 표지와 그것들에서 파생되어 나오는 편견에서 벗어날 수 없다. 현실적인 공간에서는 우리의 실존은 물론 타인이 우리를 보는 관점들은 우리가 결정한다고 볼 수 있다. 인터넷상에서 지질학적인 정체성은 의미가 없으며 공간의 정체성은 가고 싶어 하는 곳이 어디인지에 대한 문제이다. 제휴는 또다시 인종성을 해체시킨다. 전통적인 지질학적 표지들은 '주소(address)'로 대체되며 CS에서 일어날 가능성이 있는 사건은 사람들이 인터넷의 접속시점을 근거로 하여 사이버 주소를 통하여 자신들의 정체성을 밝히고 있다는 점이다. AOL의 모든 사용자들이 무지한 시골뜨기들이나 방향감각이 결여되어 있는 신생아들이라고 생각할 수 있다면 그것은 편협한 판단이 될 것이다.[38] 인터넷 접속을 이용하는 사람들에게는 모든 주소들이 동등하다는 것과 지질코드(geocode)가 사이버코드(cybercode)에 의하여 단순히 대체될 수 있다는 것은 사실이 아니다. @mit.eud로 끝나는 어떤 주소는 AOL 혹은 Prodigy에서 온 것보다는 광범위하며 다른 이미지들을 제공해준다. 이 같은 편견들은 이메일 주소를 확인하는 데는 한계가 없다.

에스펜 아르셋(Espen Aarseth)은 홈페이지가 있는 부르주아 귀족들과 집이 없는 프로레타리아 사용자들 사이에서 WWW(c) 안에 있는 본래의 계급구조를 지적한다. 이와 같은 경향은 상업용 인터넷 공급자들의 등장으로 강화되었으며 이들은 이메일이나 하드디스크에 접속할 수 없는 계정을 제공해 주었으며 은밀한 서퍼러들

---

38) http://www.clas.ufl.edu/users/seeker1/scholarly/lost-in-cyberspace.html Steve Mizrach, "Lost in Cyberspace: A Cultural Geography of Cyberspace", 1996.

(surfers)을 창조해 낸다. 이들은 소리 혹은 자신의 공간이 없다 할지라도 WWW(c)를 서핑할 수 있는 CS의 방랑자들이다.[39]

이와 같은 경향은 습관적인 공간의 계급구조들을 강조하고 있는 반면에 이러한 표지들에 부정적인 태도는 바람직스럽다고 할 수 없으며 CS의 존재와 목적지는 공동체, 합리성, 객관성, 그리고 투명성의 새로운 형태를 제공해 주고 있다는 점을 인정하지 않을 수 없다. 그 형태들은 다를 수 있지만 CS는 비공간의 비관계적 특성이 결여되어 있다고 볼 수 있다. 페스스의 주장에 의하면, CS는 신적인 것뿐만이 아니라 다른 것들에게도 합리성을 제공해 준다는 것이다. "거룩한 것의 본질과 CS의 본질사이에는 매우 깊은 관계성을 가지고 있으며 그 영역에서 커뮤니케이션이 이루어진다. CS의 정의는 커뮤니케이션이 발생하는 공간이다."[40] 레인골드(Rheingold)는 자신의 저서 <가상공동체(The Virtual Community)>의 서문에서 커뮤니케이션을 하기 위하여 그리고 공동체의 확립을 위하여 컴퓨터를 이용하는 사람들은 "스크린에 글을 쓴다는 것은 실제적인 공동체와 동일하다."는 점을 강조하면서 CS 공동체들의 발달을 매우 긍정적으로 평가하고 있다.

인터넷에서 형성된 공동체들은 RL에서 형성된 것들과는 분명히 다르지만 그것들은 지질학적으로 혹은 문화적으로 다양한 그룹들이 커뮤니케이션이 이루어지도록 허용하면서 지속적이며 단계적으로 연계시키고 있다. 인터넷 공동체와 뉴스그룹들의 초기 테스트에서 어느 한 인터뷰 참가자는 로버트 라이트(Robert Wright)에게 다

---

39) http://www.ctheory.com/r41 – transurban_optimism.html Marcos Novak, "Let your finger do the walking: review of Cit of Bits: Space, Place, and the Infobahn," by William J.Mitchell. In Ctheory, (January 24, 1996).

40) http://dpub36.pub.sbg.ac.at/ectp/SORENS_P.HTM

음과 같이 말한 적이 있다. "그것은 마치 어부들, 우표 수집가들, 그리고 골동품 수집가들이 많은 도시와 같다." 이 같은 지적에 대하여 라이트는 다음과 같이 주장한다.

우리들 중 대부분은 이 같은 세 부류들이 살고 있는 도시에서 살고 싶어 하지 않을 것이다. 그러나 그곳에서 무엇인가를 선택하려는 수많은 사람들이 있으며 어쩌면 그 수가 증가하고 있다고 볼 수도 있다. 중요한 것은 많은 미국인들이 그들이 살고 있는 도시에 대하여 얼마나 혼란스러워 하고 있는가 하는 점이다. 20세기 말의 가장 논쟁적인 문제 중 하나는 공동체의 붕괴, 자신들의 관심과 가치를 함께 공유할 수 있는 이웃과 친구들이 없는 수많은 사람들이라는 것이다. 인터넷은 그 자연스런 해답이 될 수 있다. 어느 인터넷 사용자의 예측에 의하면, 앞으로 20여 년이 지나면 전자 상호작용이 개인의 삶의 중요한 일부가 될 것이라는 것이다.[41] 하나님은 인간의 시간, 즉 크로노스 밖에 존재하고 있기 때문에 라이트가 주장하는 "20여 년"은 지나치게 시대의 흐름을 파악하지 못하고 있는 것이다.[42] 인간 역사의 주체로써 하나님의 시간은 "제로시간(zero time)"으로써 영원한 현재 속에 남아있다고 보아야 한다. 이 영원한 현재 속에서 이메일의 접속이 보편화된 지 오래이며 또한 CS는 물리적으로 접속할 수 없는 그룹들로부터 많은 정보들을 제공해 주면서 사람들로 하여금 익명으로 웹사이트를 서핑(surfing)하도록 한다거나 혹은 숨어서 채팅하도록 하고 있다. 라이트의 진술에 의하면, "대단히 정확하고 합리적으로 사람들과 그룹들을 관찰할 수 있는 방법은 결코 존재하지 않는다. 엿듣거나 엿보기를 위한 공간으로써 CS는 모든 인류의 역사 속에서 비길만한 것이 없다."는 것이다.[43]

---

41) http://www.rheingold.com/vc/book

42) Gerald L. Schroeder, Ibid., p.159

43) http://eff.org/pub/Net_culture/overhearing_the_internet.article

라이트는 특별히 뉴스그룹들을 언급하면서 많은 정보들이 공적이라는 사실임에도 불구하고 물리적인 원거리 네티즌들과 익명의 정보전달자들은 공동체의 그룹들과 친밀성을 형성하기 위하여 연합하고 있으며 공적인 장소에서는 결코 밝힐 수 없는 정직함을 생성시킨다는 것이다. 그러나 가상공간과 가상 정체성들처럼 가상공동체들은 물리적인 세계를 대체시킬 수는 없다고 본다. 오히려 그들은 물리적인 경험들을 향상 내지는 보충할 수 있을 것이다. 바로우에 의하면, 모든 것이 선과 악으로 분리하여 생각하는 마니교적 사고(manichean sense)를 극복해야 하며 CS의 경계지역은 낡은 필터를 내다버리기에 좋은 장소라는 것이다. 그러나 그것은 정말로 중요한 문제가 아니다. 우리가 원하든 원하지 않든 그곳을 향하여 달려가고 있는 것이다. CS는 공간 정체성의 의미가 무엇인지 인식할 수 있는 기회를 조만간에 제공해 줄 것이다. 페스스는 CS의 공간성의 문제에 대하여 가장 이상적인 해답을 주고 있다고 볼 수 있다.

그리고 제발 사이버 공간과 현실 공간 사이의 잘못된 이해를 더 이상 논하지 말자. 이 둘은 전적으로 우리들 자신 내부에 존재하고 있으며 그들 사이에 존재하는 그 어떠한 차이들은 양측에서 비롯된 것이다.[44]

---

44) Barlow, "there."

제3절 가상공동체

인간은 물리적으로 느낄 수 있는 4차원 이상의 세계가 존재한다는 것을 상상할 수 없다. "보이지 않는(invisible)" 차원들이 지니고 있는 그 영향을 예로 들어 보기 위하여 다음과 같은 판타지(fantasy)를 제시해 본다.[45]

우리는 순환적 인간들이다. 우리는 한 원 위에 있는 점들(dots)처럼 살아가며 이 선을 따라서 전진과 후퇴를 하게 될 때, 단지 원의 선만을 인식하게 된다. 우리에게는 위아래, 우측과 좌측을 인식할 뿐 원에 대한 중심은 존재하지 않는다. 그 중심은 원의 선상에서도 존재하지 않기 때문에 중심(center)이라는 것을 상상할 수 없다.

점 A와 점 B는 원의 선상에서 20마일 떨어진 곳에 살고 있다. B는 타 지역에서 이사 온 EC와 친구가 되어 살고 있다. 원의 세계에서 빛이 통과하는 가능한 한 가장 빠른 속도는 시간당 10마일이다. B는 자신의 모터사이클을 타고 바로 그 속도로 A가 살고 있는 곳으로 두 시간 이내에 도착할 수 있다. 어느 날 B는 A로부터 속히 오라는 전갈을 받는다. A는 B의 절친한 친구인 D를 만난다. B가 빛의 속도로 출발할 때, 그는 어깨 너머로 EC에게 자신의 임박한 결혼 소식을 큰소리로 외쳐 알린다. 두 시간 후에 B는 모터사이클을 타고 A의 집에 도착한다. 그리고 B는 EC가 D에게 자신의 결혼에 대하여 A로부터 축하를 받았다는 사실을 인식한다. D에 대하여 B는 단순히 점과 같은 존재이다.

그러나 이것이 가능한 일일까? 만약 B가 빛의 속도로 A에게 가게 된다면, EC는 더 빠르게 도착할 수 있을 것이라고 생각하는 것

---

45) Gerald L. Schroder, The Science of God(New York: Free Press, 1997), p.190

은 불가능하다. A와 B는 모르는 상태에서 EC는 원외에 존재한다. 그리고 B보다 앞서 A에게 도달할 수 있기 때문에 단지 원의 중심을 통과하여 직선으로 여행하여 온 것과 같은 것이다. A, B, D에게는 이해할 수 없는 상황이 벌어지는 것이다. 왜냐하면 점의 사람들에게는 중심과 같은 것은 존재하지 않기 때문이다.

미하일 바흐친(Mikhail Bakhtin)은 '시공간(time space)'을 의미하는 "크로노토프(chronotope)"를 제시한다.[46] 이 용어는 원래 수학적인 용어로서 아인슈타인의 상대성 이론(theory of relativity), 베르그송과 칸트에 의하여 철학적 개념으로 도입된 것으로 시간을 공간의 4차원으로 간주한다. 특히 칸트는 <순수이성 비판(Critique of Pure Reason)>의 "초월적 미학(Transcendental Aesthetics)"에서 기본적인 인식과 재현의 시작으로 인지과정의 불가분의 형태로써 시간과 공간을 정의하고 있다. 바흐친에 의하면 시간과 공간은 본질적으로 분리할 수 없는 것이며 "시간은 말하자면 두께가 굵어지고 살이 찌며 예술적으로 눈에 보이게 된다. 공간 역시 마찬가지로 충전되며 시간과 플롯 그리고 역사의 움직임에 민감한 반응을 보이게 된다." 따라서 인간의 이미지는 언제나 본질적으로 크로노토프적이며 성경텍스트의 모든 기적사건들은 이 범주에 속해 있으며 크로노토프적 변형이라고 말할 수 있다.

4차원의 세계관에 의하면, 결과를 설명할 수 없는 반복적인 과학적 실험들이 진행되고 있으며 5차원 이상들의 차원들이 있다면 그같은 필요충분조건들을 충족시켜줄 것이다. 아마도 5차원 이상의 존재와 공간들이 존재하지만 우리의 감각으로는 인식할 수 없는 것들일 것이다. 비록 우리가 그 원인들을 설명할 수 없지만 이 같은 혼동을 일으키는 실험들의 결과를 관찰할 수 있을 것이다. 성경

---

46) Mikhail Bakhtin, The Dialogic Imagination, p.85

적으로 5차원의 세계는 통합을 지향하는 영성이 될 것이다.

마태복음 17장에서 마태기자에 의하면, 이른바 '변화산 체험'이 4차원 이상의 세계를 이상적으로 묘사하고 있는 장면들이라고 할 수 있다. 예수는 베드로와 요한 야고보를 데리고 높은 산에 오른다. 그런데 갑자기 예수는 그들이 보는 앞에서 얼굴은 해와 같이 빛나고 옷은 빛과 같이 희어진다. 그리고 모세와 엘리야가 나타나 예수와 더불어 대화를 나눈다. 이때에 베드로는 이곳에 예수, 모세, 엘리야를 위하여 성막 셋을 지어 섬기겠다고 고백한다. 베드로의 말이 채 끝나기도 전에 갑자기 빛나는 구름이 그들을 뒤덮으면서 소리가 들려온다. 하나님의 음성 – "이는 내 사랑하는 아들이다. 내가 그를 좋아한다. 너희는 그의 말을 들어라." – 을 듣고 제자들은 듣고 몹시 두려워하여 땅에 엎드린다. 마태기자뿐만이 아니라 마가, 누가도 이와 동일한 종교적 경험들을 기록하고 있지만 마가와 누가기자는 예수는 자신이 죽어 부활하기 전까지 아무에게도 알리지 말라고 제자들에게 당부하는 기록을 덧붙이고 있다. 한 가지 아이러니한 것은 직접적인 체험적 경험을 했던 베드로, 요한, 야고보 기자는 자신들이 죽는 날까지 이 신비로운 사건을 그 어느 누구에게도 발표하지 않는다는 점이다. 더욱 이상한 것은 예수의 부활 이후 성령 강림의 종교적인 체험을 인정하면서도 끝까지 침묵으로 일관하고 있다. 망각의 산물들이라고 볼 수 있을까? 그러나 마태, 마가, 누가가 이 사건을 '폭로'하고 있는 것은 특별한 의미(?)를 나타내 주고 있다고 볼 수 있다.

성경텍스트 안에는 죽음을 경험하지 않은 두 사람이 등장한다. 에녹(창5: 24)과 엘리야가 그들인데 그중 엘리야는 병거를 타고 하늘에 올라간다. 이들은 각기 물에 의한 심판과 불에 의한 최후의 심판과 관계가 있으며 초대교회가 여러 권의 책을 에녹의 저서라고 했던 것도 이러한 관계 때문이었을 것이다.(유14) 그러나 모세의 죽음에는 몇 가지 의심스러운 점들이 있으므로(신34: 6) 모세의 죽음은 환상이기 때문에 그는 실제로 죽음을 경험하지 않았던 세 번째 사람이라는 위서의 전승이 생기게 된 것이다.[47] 죽음을 경험하지 않은 에녹은 왜 이 변화산에 등장하지 않는 것인가? 이와는 대조적으로 형 아론이 호르산에서 죽어 조상들에게로 돌아간 것처럼, 그리고 느보산 정상에서 바라다볼 수 있는 약속의 땅으로 들어가지 못하고 죽음을 경험한 것으로 알려지고 있는 모세가 예수, 엘리야와 함께 '변화산 디지털 신앙공동체'에 나타난 것은 어떤 의미를 주고 있는 것일까? 분명히 요한 계시록의 기자는 에녹을 모세와 병합시키고 있는 듯하지만 죽음의 과정을 거치지 않은 사람은 누구나 다시 돌아와 모든 이의 죽음이 이루어지기 전에 죽음을 겪어야 한다고 생각하고 있다.

크로노스적 존재들인 베드로의 일행은 크로노스의 시공간을 초월하여 '카이로스－크로노스 존재'인 예수와의 '사이버여행'을 떠난다. 제자들은 이 세계의 크로노스 시공간을 경험했던 모세와 디지털 신앙공동체를 운영했던 엘리야가 "지금 여기에서" 카이로스적 존재가 되어버린 모세와 엘리야를 만나는 환희와 영광의 기쁨을 누리게 된다. 크로노스의 시공간이 카이로스의 시공간과 충돌할 때 발생하는 사건들은 한마디로 '기적'이라고 표현할 수 있으며 성경의 기적에 관한 모든 담론들은 CS의 관점에서 이해하는 것이 더욱더 용이하며 21세기의 성경해석학은 '디지털 성경해석학(digital bible hermeneutics)'이라고 할 수 있다. 또한 인간의 생사의 갈림길은 바로 이 충돌하는 시간의 상황 속에서 연출해내는 한편의 드라마라고 할 수 있으며 크로노스에서 카이로스에로의 '무한한 회귀'라고

---

47) Northrop Frye, The Great Code(New York: HBJ, Publishers, 1982, 180

본다. 크로노스 존재들이 카이로스 시간과 공간을 체험하려면 반드시 '빛'이라는 매개체가 필요하며 또한 그 같은 체험의 공간에서는 필수적으로 등장한다고 말할 수 있다. 따라서 CS에서의 빛은 성경 텍스트에서 나타나는 물리적인 빛 혹은 '성령의 빛'이라고 볼 수 있으며 마태, 마가, 누가의 공동체는 "너희는 세상의 빛이다."라고 강조하면서 우리가 지니고 있는 이 빛을 세상을 향하여 비추라는 것이다.(마5: 16) 이것이 사이버목회가 추구하는 방향이라고 할 수 있으며 인터넷상에서 그리스도와 신앙공동체의 정체성을 알리며 창의적인 선교는 물론 하나님의 영광을 위하여 우리의 '빛'을 전통적인 방법에서 탈피하여 새로운 방법으로 전달하려는 것이다. 하나님의 형상은 이러한 빛을 찾고자 노력하는 사람들의 리얼리티를 반영하고 있다고 볼 수 있다. '하나님의 성전'인 우리의 몸, 즉 크로노스 존재 속에 내재되어 있는 카이로스 존재가 쌍방향을 통한 빛의 출력은 다름 아닌 카이로스 존재와의 커뮤니케이션의 도구라고 할 수 있으며 하드웨어 속에 내재되어 있는 소프트웨어, 즉 빛은 '카이로스－크로노스 존재'를 만날 수 있는 하나의 좁고 험난한 오솔길과 같은 것이다. 이 오솔길은 다름 아닌 CS의 웹 공간에 대한 메타포라고 할 수 있다. 성령의 감동은 바로 이 빛을 통하여 나타나는 것이며 변화산에 대한 성경적 담론은 '빛의 사건', '디지털 체험' 내지는 '디지털 신앙공동체'라고 명명할 수 있다.

'빛'의 사건을 제대로 인식하지 못했던 베드로, 요한, 야고보 신앙공동체들은 자신들이 누려왔던 종교적 기득권의 상실이 두려웠던 것이다. 변화산상에서 나타나는 '베드로의 소프트웨어'는 "아직 말이 채 끝나기도 전에(While he(Peter) still speaking)" 하나님에 의하여 취소되며 성막 셋을 지어 섬기고자 했던 '베드로의 하드웨어'는 하나님의 "거대담론(Metalanguage)"에 의하여 거부된다. 베드로를 비롯한 일단의 신앙공동체들이 5차원의 신앙체험 속에서 '하드웨어보다는 소프트웨어가 더 중요하다.'는 하나님과 예수의 소프트웨어를 충분히 인식했으면서도 자신들의 기득권을 위하여 '의도적으로' 발설하지 않은 것이다. 왜냐하면, 이들의 신앙고백에서는 이 엄청난 '디지털 체험'을 그 어느 누구도 '누설'하는 수고(?)를 하지 않기 때문이다. 베드로의 프로젝트를 추종하거나 답습하는 신앙공동체들에 비하여 마태, 마가, 누가의 신앙공동체들은 신비로운 이 '빛의 사건'을 구체적으로 묘사하고 있다. 즉 그들은 베드로의 '하드웨어/소프트웨어' 프로젝트보다도 예수의 '소프트웨어 – 하드웨어' 프로젝트를 더욱더 강조하는 '디지털 신앙공동체'의 정체성을 역설적으로 제시해 주고 있다.

제4절 신학과 과학

과학의 본성이란 무엇인가? 이러한 질문이 단순히 구름 잡는 유희만은 아니라 인간의 정체성을 위한 탐색이라고 보아야 할 것이다. 21세기의 디지털 세계에는 특정한 비전이 자리 잡고 있다고 볼 수 있다. 비록 명확성이 떨어지거나 자세한 그림이 못 되거나 심지어 실용성이 다소 떨어진다 할지라도 그것이 바로 특정분야의 과학을 연구, 발전시키는 데 원동력을 제공해 주는 것이다. 그 비전이야말로 테크놀로지의 본성을 그대로 드러내 주는 것이며 그것의 실현을 가속화시키는 데 필요한 '문화적 에너지'를 촉발시키는 것이다. 기술공학적 비전은 신화적인 의식이나 인간 정신의 종교적인 측면에 다가와 문을 두드린다고 볼 수 있다. 21세기의 CS도 그 한 영역이며 또한 CS와 외계공간 사이에는 내적인 연관성이 존재한다고 볼 수 있다.

창조에 대한 과학적 관점과 성경적 관점의 갈등은 간단하게 설명할 수 있다. 첫째, 하나님은 유일한 근원 혹은 모든 것의 근원이시다. 일반계시에 의하여 우리는 하나님에 관한 그들의 신앙과는 관계없이 모든 인류에 대한 하나님의 실존과 권능에 대한 증거로써 하나님 밖의 물리적인 우주의 창조를 의미한다. 둘째, 특별계시에 의하여 우리는 선택받은 예언자들과 선생들의 성경의 언어적 영감을 통하여 인류에 대한 하나님 자신의 뜻과 계획을 나타내 보이셨다. 이와 같은 권위적이며 담론적 계시는 물리적인 우주와 인류에 대한 하나님과의 관계를 묘사할 때, 상당히 일반계시와 중복되는 경우가 많지만 인류를 구원하고자 하는 기본적인 목적이 내포되어 있다. 셋째, 동일한 근원에서 출발한 하나님의 일반계시와 특별계시 사이에는 최종적인 갈등은 존재하지 않는다. 자신이 창조한 것에 대하여 왜 하나님이 거짓말을 하겠는가? 반면에 계시에 관하여 거짓된 것을 어떻게 추론할 수 있을까? 넷째, 죄인으로서 모든 인류의 현재 상태, 즉 타락 이후에 나타나는 두 종류의 인식의 문제가 제기된다. 죄는 지성적 효과(noetic effect)를 지니고 있으며 우리의 마음을 어둡게 하며 하나님의 계시를 보지 못하도록 방해한다. 예를 들면 과학적인 측면은 추리의 문제, 한계의 문제, 심리의 문제로써 인식론적인 문제인 반면 신학적인 측면은 해석학과 언어학, 영적인 문제라고 본다. 타락 이후 인류는 살기 위하여 노동을 해야만 하듯이 자연과 우주 혹은 성경을 이해하기 위하여 영성과 전문성이 요청된다. 다섯째, 창조된 세계 혹은 자연에 대한 인간의 조직적인 연구를 '과학'이라고 한다면 성경지식에 대한 인간의 조직적인 연구를 '신학'이라고 부른다. 이 둘은 타락의 문제로 인하여 고통을 받고 있는 인간의 노력이다. 진리 혹은 리얼리티가 무엇인지 인식한다고 확신하는 사람은 아무도 없다. 하나님이 절대적인 진리라고 인정하지만 개인적으로 그 진리를 소유할 수 없다. 이것은 하나님을 '이해한다.'기보다는 하나님 '밑에 서 있다.'라고 하는 것이 타당할 것이다. 여섯째, 완전하지 못한 인식의 문제는 의심의 문제와 동일한 경우라고 할 수 없으며 그것은 오히려 이 세계에서 우리의 신분에 관하여 하나님의 계시는 무엇을 말해 주고 있는 것과 일치한다.[48]

하나님의 영광이 우리에게 나타날 때, 그때에 우리는 원래 하나님의 형상대로 창조되었다고 하는 것을 이해할 수 있을 것이다. 우리는 고린도 교회를 향한 바울의 증언처럼 자기가 무엇을 안다고 생각하는 사람은, 아직도 그가 마땅히 알아야 할 것을 알지 못하는 사람이며(고전8: 2 - 3) 또한 우리는 부분적으로 알고 부분적으로 예언하며 온전한 것이 올 때에는 부분적인 것이 사라진다(고전13: 8 - 11)고 하는 것을 인식할 뿐이다.

그러나 과학은 종교적 신앙과 대단히 유사한 생명에 대한 태도가 내포되어 있는 것이 그 기초에서 나타나고 있다고 볼 수 있다. 찰스 P. 핸더슨(Charles P. Handerson)은 그의 저서 <하나님과 과학(God and Science)>에서 프로이드, 다윈, 막스 등의 사상과 저서들은 하나님과 종교에 대하여 어떠한 방법으로 부정하고 있는지를 밝히고 있으며 아인슈타인, 샤르댕, 틸리히의 사유체계는 생명에 대한 일원론적 관점에서 신학과 과학이 대립적인 체계가 아니라 상호 조화로운 관계라는 것을 보여 주고 있다고 강조한다. 특히 아인슈타인은 "과학 없는 종교는 절름발이(religion without science is

---

48) http://www.balancedscorecard.org/bridges/ASA/Conflict.html

lame)"라고 주장한다.[49] 현대과학의 이름 아래 과거 200년 동안 진행되어 왔던 종교에 대한 비판은 지나칠 정도였다고 본다. 현대의 무신론에 대한 설득력 있는 사상과 주장들을 분석해 보면 보다 위대하고 심오한 신앙을 형성할 수 있는 사싱과 정보들이 많이 있기 때문이다. 정확한 논리적인 회의주의를 분석해 볼 때, 유신론에 대한 새로운 정보를 발견케 한다. 사실상, 현대의 하나님과 반대의 입장에서 주장하는 모든 이론들은 하나님을 인정하는 도구로써 패러다임의 전환이 이루어질 수 있도록 사용할 수 있다.[50]

서구의 역사를 통하여 볼 때, 종교와 과학은 서로 한 '형제'[51]였으며 특히 신학은 더욱더 과학과 밀접한 관계였다고 할 수 있다. 13세기의 토마스 아퀴나스, 16세기의 코페르니쿠스, 17세기의 갈릴레오와 뉴턴, 19세기의 라마르크, 오웰, 다윈, 20세기의 스트러트, 아인슈타인, 스코프, 가모우, 펜지아스, 윌슨 등의 과학적 이론들은 하나님의 존재론과 창조론 등과 밀접한 관계를 맺고 있다. 1992년 교황 요한 바오로 2세는 교회가 정죄한 갈릴레오에 대하여 사과를 발표했으며 1996년에는 다윈의 진화론도 하나님의 매스터 플랜 중의 하나라고 선포했다. 또한 20세기의 많은 물리학자들은 예수의 신성과 인성에 대하여 "양자 물리학(quantum physics)"[52]으로 해석하는데까지 이르렀다. 물리학자에서 신학자가 된 로버트 존 러셀(Robert John Russel)은 "신학과 과학은 새로운 관계를 모색하고 있다."고 말한다. 과학적인 발견들은 신앙과 영적인 의미들을 해체시키기보다는 오히려 최소한 신앙인의 마음속에 공고한 신앙심을 심어 주고

---

49) Paul Davies, The Mind of God, p.21
50) http://www.crosscurrents.org/godand.htm
51) Newsweek July 27, 1998. pp.45 – 49
52) Paul Davis, Ibid., pp.118 – 9

있다고 보아야 한다는 것이다. 예를 들면 빅뱅 우주론(Big Bang Cosmology)은 과거에 창조주에 대한 공간의 여지를 남겨 두지 못했지만 오늘날에는 우주 이면에 존재하는 하나님의 섭리와 목적이 존재하고 있다는 데 과학자들은 의미를 부여하고 있다. 과학자 겸 신학자들에 의하면 진화는 하나님 본성에 대한 단서를 제공해 주고 있다는 것이다. 그리고 "혼돈이론"[53](Chaos Theory)은 하나님이 이 세계 속에서 활동하시는 문을 개방하고 있다는 의미로 해석하고 있다. 과학을 수용하는 신학자들과 경험주의적인 영적 공허함에 안주할 수 없는 과학자들의 통합이 가속화되어 간다고 볼 수 있다.

1977년 노벨 물리학상을 수상한 스티븐 웨인버그(Steven Weinberg)는 "우주가 우주론을 통하여 이해하면 할수록 그것은 더욱더 의미가 사라진다. 그러나 지금 하나님을 죽인 과학이 신앙인의 관점에서 볼 때 신앙을 회복시키고 있다."고 주장한다. 칼 페이트(Karl Feit)는 순수한 사고는 우주를 관통할 수 있기 때문에 "인간의 의식은 어떤 점에서는 하나님의 마음과 조화를 이루고 있다."는 점을 강조한다.

보이는 세계의 이면에서 보이지 않는 현존으로서 신적인 의미는 선(Good) 그 자체라고 할 수 있다. 그러나 신앙인들이 진정으로 갈망하는 것은 이 세계 속에서 역사하시는 하나님이다. "양자역학은 특별히 하나님의 사역을 생각게 한다."고 말하는 러셀은 하나님은 물리학의 법칙들을 해체시키지 아니하고 행동하실 수 있다는 것이다.

양자역학의 설득력 있는 예를 들어 본다면, 방사능의 한 요소는 한 시간 동안에 "절반생명(half-life)"을 지니고 있다고 할 수 있다는 것이다. 이 "절반생명"의 의미는 하나의 샘플 속에 들어 있는 원자들의 절반이 부패할 것이라는 점이다. 그러나 단지 인간이 오

---

53) Ibid., pp.169-70

직 하나의 전자만 지니고 있다면 어떻게 될 것인가? 한 시간이 지나면 50%의 부패할 확률이 존재한다. 만약 원자가 부패한다면 그것은 독가스를 방출할 것이다. 실험실에 한 마리의 고양이가 있다면 한 시간이 지난 이후에 그 고양이는 살 것인가 혹은 죽을 것인가? 물리학자들은 원칙적으로 원자가 무엇을 할 것인가를 결정하는 것은 불가능할 것이라고 생각한다. 과연 신학자 겸 과학자들은 원자의 부패여부를 하나님이 활동하시는 영역에서처럼 알 수 있을 것인가 하는 점이다. 신앙은 과학 속에서 영감(inspiration)을 찾을 수 있는 것처럼 과학은 신앙 속에서 영감을 찾을 수 있다. 메흐디 골샤니(Mehdl Golshani)는 "우주 속에서 발생하는 자연적인 현상들은 하나님의 징표들이다."라고 말한다.

코란(Koran)에 의하면 지구상에서 여행을 한 다음 어떻게 하나님이 창조를 시작하셨는지를 알아보라고 인간들에게 요구하고 있다는 것이다. 골샤니는 "연구는 예배행위이다. 왜냐하면 하나님의 많은 '기적들'을 드러나게 하기 때문이다(Research is a worship act, in that it reveals more of the wonders of God's creation)."라고 주장하면서 유대교도 동일한 맥락에서 이해할 수 있다는 것이다. 페이트는 마이모니데스(Maimonides)를 인용하면서 "하나님의 사랑을 성취할 수 있는 유일한 통로는 하나님의 손에 의하여 이루어진 사역들, 즉 자연적인 우주들을 이해하는 것이다."라고 강조한다.[54] 우주가 어떻게 작용하는지를 인식하는 것은 이것이 하나님이 창조한 세계이기 때문에 신앙인들에게는 결정적으로 중요하다는 것이다.

미국의 과학자들의 40%가 세계 속에서 신성한 힘과 현존으로서 뿐만이 아니라 그들이 기도의 대상으로서 하나님, 즉 "개성적인 하나님(personal God)"을 믿고 있으며 과학을 실행하는 것은 영감을

---

54) http://www.panix.com/~jjbaker/rambam.html

제시해 주는 영적인 목표를 가지고 있다고 보고 있다. 천문학자인 죠엘 프리맥(Joel Primack)에 의하면 우리가 상상할 수 있는 최대의 크기는 센티미터로 기준하여 10의 29승이며 가장 작은 크기는 십진법으로 기준하여 10의 24제로 승이라는 것이다. 인간의 크기는 그 중간쯤 된다고 할 수 있으며 이 같은 주장의 정당성에 대한 입증은 제외한다 할지라도 이것은 "영혼을 만족시키는 우주론(soul-satisfying cosmology)"이라고 묘사하고 있다.

아더 피콕(Auther Peacocke)은 진화론에서 하나님의 징표를 알 수 있다고 주장한다. 하나님은 자신의 전지전능하심(omnipotence)과 무소부재하심(omniscience)을 스스로 제한하시고 있다는 것이다. 달리 표현하면 그것은 "chance mutation"의 출현이며 다윈의 자연선택 법칙들은 지구상에 있는 생명의 다양성을 야기하는 '변형(variation)' 활동이라는 것이다. 또한 존 호트(John Haught)에 의하면, 이 과정은 선한 창조를 위하여 이기심이 없이 활동하시는 하나님, 즉 '신적인 겸손함'을 암시해 주고 있으며 "하나님 편에서 본 겸손한 피정(humble retreat on God's part)"이라고 표현한다.

성육신에 대한 이중성은 양자 물리학과 동일 선상에 있다고 볼 수 있다. 대부분의 물리학자들은 사물의 실체들은 전자들처럼 분자로 보고 있으며 파장처럼 움직인다는 것이다. 그리고 파장처럼 움직이는 빛은 지속적으로 활동한다. 이러한 주장에 대한 전통적인 해석은 빛과 전자는 파장이며 동시에 분자라는 것이다. 우리가 눈으로 볼 수 있는 빛은 어떠한 모습인가. 전자는 관찰하는 사람들에 따라서 어떻게 비쳐지고 있는가. 그것은 환경에 따라서 변하고 있는 것이 아닌가. 이와 같이 성육신한 "예수도 인간이라는 유기체적인 몸 속에서는 '참'하나님으로 혹은 '참'인간으로 보이지 않는다."라고 물리학자인 러셀 스탠나드(Russel Stannard)는 주장하면서도 "그[예수]

는 완벽한 신이시며 인간이었다(He was fully both)."라고 고백한다.

반세기 전에 이미 사이버의 세계를 예언했던 샤르댕에 의하면 보이지 않는 가상의 세계는 태초 이래로 존재해 왔다는 것이다. 넷이라는 도구를 통하여 이제 인류는 사이버 세계가 무엇인지를 보여 줄 수 있을 것이다. 바로우는 가상생활이란 0과 1 사이의 공간이라고 주장한다. 그것은 관련성이 있는 정보의 유형이며 보이지 않는 생명체는 피조물 사이에 존재하는 공간 속에서 나타나는 생명체들로 구성되는 것이다. 인류는 CS의 기능으로 테크놀로지의 한계를 초월하여 이 생명체들을 볼 수 있게 될 것이며 물리학의 법칙을 초월하여 또 다른 우주의 기본적인 조직의 원리, 즉 "무한한 복합성(the infinitely complex)"이 존재한다는 것도 알 수 있을 것이다.

샤르댕은 가장 기본적인 분자에서 가장 복잡한 유기체에 이르기까지 모든 물질은 하나의 축을 따라서 배열되어 있다는 것이다. 증가되어 가는 복합성은 증가된 의식이 수반되며 무한대로 확대되어 가는 "복합-의식의 법칙(law of complexity consciousness)"을 케이오스 이론의 주창자 중의 한 사람인 랄프 아브라함(Ralph Abraham)은 "신경-넷 테크놀로지(neuro-net tachnology)"로 보고 있으며 제니퍼 캅 크레이스버그(Jennifer Cobb Kreisberg)는 "인터넷의 지구촌 신경-네트워크(the planetary neural-network of the Internet)"와 동일한 것으로 보고 있다. 이 과정에서 인간은 최고의 차원으로 존재한다. 진화는 직선형이 아니라 일련의 양과 질의 도약에 의하여 진행되는 것이다. 복합성의 차원이 최대의 복합성 정점에 도달하게 될 때, 그것은 새로운 다른 차원과 그 전체성의 조직으로 도약한다. 물질이 복합적이 되면 될수록 그것은 인식에 접근하게 되는데 이 같은 진화의 추진력은 우주와 모든 것을 포용하고 있는 물리적, 도덕적 사랑의 힘에서 나온다. 인간이기 때문에 사랑은 구체적인 형태로 그 사랑의 잠재력을 실현시킬 수 있다. 그러나 인간은 창세기의 창조의 과정에서 볼 수 있듯이 단지 수많은 단계 중의 한 단계에 불과하다. 샤르댕의 생명계의 "사유층(thinking layer)", 이른바 세계적인 규모로써 인간의 통합을 의미하는 "정신영역(noosphere)", 즉 사상의 세계는 지구촌 의식의 등장과 함께 충돌하게 된다. 맥루한은 샤르댕의 "누스피어"의 개념을 도입하여 지구촌 전자문화의 도래를 예견하고 있다.[55] 이 "누스피어"의 과정은 불가피한 것으로서 만약 이 과정이 발생하지 않는다면 인간은 해체될 것이다. 인류가 지향해가고 있는 방향이 그 선택 여부를 차치하고라도 동일한 공간에서 하나로 통합될 것이다. 인류는 최종적인 목적을 향하여 통합될 것이며 모든 것은 오메가 포인트를 향하게 될 것이다. 인간의 자연적인 통합점, 접속점이 될 영광 중에 그리스도의 재림을 통하여 하나님 안에서 세계의 창조적인 통합으로 지향해 갈 것이다.[56]

어떤 의미에서 과학과 종교는 화해할 수 없을지도 모른다. 과학의 배경이 영원한 의심이라면 종교의 핵심은 신앙이라고 할 수 있다. 경건한 신앙인들과 많은 과학자들은 이 세계를 이해하는 데 이 두 가지 사유체계를 이용하고 있다. 신앙을 질식시키고 하나님을 죽이는 도구로써 과학이 신학과 적대적인 관계를 유지해 왔지만 이제는 오히려 신앙을 돈독히 해주는 데 기여하고 있다. 과학이 비록 하나님의 실존을 증명할 수 없다 할지라도 21세기의 과학은 CS와 같은 공간은 물론 하나님을 찾는 공간이 어디인지를 신앙인들에게 제시해 줄 것이다.

---

55) http://www.wired.com/wired/archive/3.06/teilhard.html

56) http://www.nettuno.it/fiera/electric/italy/noosphere.htm

제3장
성경텍스트와 하이퍼텍스트 성경

제1절 성경텍스트

성경은 무엇보다도 하나의 '모자이크'라고 볼 수 있다. 율법, 족보, 서한, 설교, 신탁, 계명, 격언, 경구, 금언, 비유, 수수께끼, 발췌구, 평행적인 대구, 형식적인 문구, 민담, 신의 현현, 로기아(Logia), 특수한 때를 위하여 지은 시의 단편, 여백의 주석, 전설, 역사적 문헌의 단편, 성가, 환상, 제의, 우화, 에피소드 등등으로 거의 끝없이 이어져 있다. 이와 같은 요소들은 <아레오파지티카(Areopagitica)>에서 밀턴에 의하면 연속적인 것이 아니라 서로 인접해 있다는 것이다. 따라서 한 사람에 의하여 통제되는 시나 산문에서 인식할 수 있는 것과 같은 종류의 연속적인 통일성이나 연속성을 찾는 것은 부질없는 일이다.[57] 예를 들면 이사야서는 이스라엘의 몰락과 속박, 그리고 경고를 수반한 귀환이라는 거대한 설화적 세 단계를 통

---

57) Northrop Frye, p.206

하여 이끌어 가는 세계의 주요한 초점들이 모여 있는 일련의 신탁들이다. 히브리서 구약 정경의 배열은 역대하로 끝나는데 그것의 마지막 구절은 바벨론에 있는 유태인들에게 그들의 고국으로 돌아가라고 하는 페르시아의 고레스의 권고로 되어 있다. 유태교의 관점에서 보면 장차 다가올 이스라엘의 회복에 대한 예형으로서 이러한 끝맺음은 성경에 대한 논리적이고 효과적인 결론이다. 기독교는 그 이야기의 속편이 있는 것으로 간주하여 극적인 결론을 만들어내는 데 별 관심을 가지지 않았으나 요한복음서의 서두에는 천지창조에 관한 창세기 기사에 대한 기독교적 본형으로 계획된 것이다. 그렇다면 이 복음서는 역사적 '우연'(전9: 11)에 의하여 제일 나중에 수용되었고 네 번째 복음서가 되었으며 누가복음서는 누가복음의 속편인 사도행전으로 이어지는 이야기의 흐름을 가로막고 있는 것이다.

성경이 그처럼 텍스트들을 통일시키는 데 많은 관심을 나타내고 있는 것은 주목할 만한 일이며 율법서와 예언서의 정경을 완성시키는 데 유태교에 반영된 긴장과 기독교의 이와 유사한 긴장은 이러한 관심과 연결되어 있지만 플라톤 이후로 예술작품의 제일 원리인 통일성은 또한 인간정신의 유한성을 지적하는 것으로 불완전한 것이다. 계속되고 있는 것을 완전한 것, 즉 최종적으로 성취된 형태로 변형시키는 데 관심을 보여 주는 것이다. 아무리 통일성을 갖추었다고 할지라도 성경은 또한 통일성과 일관성에 대하여 관심을 보여 주고 있다고 할 수 없다. 그것은 통일성을 성취하지 못해서가 아니라 그 통일성을 통과하여 그 맞은편에 있는 또 하나의 다른 시각으로 진행되었기 때문이다.

시와 산문은 그 자체가 모두 연속적이며 구약은 적어도 시와 산문의 혼합체라고 할 수 있으며 두 개의 비평적 원리가 존재한다.

하나는 그 언어적 관습으로 볼 때 성경은 구어나 구전과 매우 밀접한 관련성을 지니고 있다는 것이며 다른 하나는 성경 속에 있는 모든 문장은 관념적으로 보면 일종의 언어적 단자(monad)라고 볼 수 있다. 단자론(monadology)이라는 용어는 헬라어인 "monas"에서 유래한 것으로 "수도원의(monastic)", "수도자(monk)", "독점(monopoly)"이라는 어휘에서 보여 지는 것처럼 어떤 종류의 혼자 있음을 가리킨다. 즉 각각의 존재가 다른 존재자들로부터 떨어져서 그 안에서 자신의 욕구를 추구하며 홀로 있는 것을 말한다. 단자는 내적인 지배법칙에 따라 자기 자신의 목표를 성취하려는 충동, 즉 약동하는 의지력의 독립적인 지점으로 존재한다. 단자란 순전하고 생명력 넘치는 힘이기 때문에 비활성의 공간적 차원을 갖지는 않으나 활동의 부산물로써 공간을 산출한다. 단자는 비물리적이며 정신적인 실체로써 그 힘찬 생명은 바로 내적인 활동에 있다고 볼 수 있으며 단자들에게는 접촉 가능한 외부세계가 없으며 더 크고 더 넓은 시각이란 존재하지 않는다. 단자들이 보는 것은 자기들 자신의 욕구와 관념에 대한 투사행위뿐이다. "단자에는 창이 없다."[58]라는 라이프니츠의 경구가 이 사실을 잘 말해주고 있다. 창은 없을지 모르지만 오메가포인트(Omega Point)는 가지고 있으며 "인터페이스(interface)"를 통하여 사물을 인식한다.[59] 제6장에서 다루게 되겠지만 인터페이스는 사물을 표상하고 그것을 모의하며 다양한 방식으로 단자가 조작할 수 있는 포맷으로 그것들을 보존한다. 단자는 사물의 현전성이 언제라도 나타날 수 있고 사라지게 할 수 있게 하기 때문에 사물들의 현전성은 표상이기도 하며 통 속에 갇히기도 한다. 성경텍스트가 앞서 주장한 데로 마치 "모자이크"와 같은 구

---

58) Michael Heim, The Metaphysics of Virtual Reality, p.96

59) http://perso.wanadoo.fr/xavier.sallantin/manifa.html

조로 되어 있기 때문에 단자론적 관점에서 본다면 "단자론적 네트워크"라고 할 수 있다. 라이프니츠는 각각의 단자가 자기 내부에서 전 우주를 표상하고 있다고 주장한다. 인도 신화에 등장하는 인드라의 웹(web)처럼 각각의 단자는 온 세상을 반영하고 있다. 각각의 단자들은 자기 내부에 응축된 세계를 만들면서 우주를 압축시켜 표상하고 있으며 각각의 소우주는 대우주를 포함하고 있다. 단자들은 결코 정면으로 마주치는 일이 없으며 똑같은 우주를 표상한다 할지라도 우주를 보는 방식은 저마다 다르다고 할 수 있다. 이러한 상이한 관점들은 공간적으로 상이한 물리적인 위치에서 얻어지는 것이 아니라 각각의 단자가 갖고 있는 심적인 배경의 투명성과 긴장성의 정도가 다양하기 때문에 발생하는 차이라고 볼 수 있다. 단자들이 지니고 있는 욕망들은 표상적이며 연쇄적인 경험으로 다른 사물들을 조망한다. 이러한 각기 다른 단자들의 욕망은 자신들이 바라보는 장면을 지속적으로 변형시켜 나가며 각기 다른 소프트웨어를 운영한다. 단자들의 모든 표상은 전통적으로 신으로 인식되는 중앙의 무한단자가 행하는 감독 아래서 조절되며 통제된다. 중앙의 무한단자를 일컬어 유한한 단자의 단위들을 모두 조화롭게 만드는 중앙시스템 운영자라고 부를 수 있을 것이다. 유일하게 중앙시스템 단자만이 절대적인 필연성을 갖고 존재한다. 이 중앙시스템 운영자를 거치지 않으면 어느 것도 실재를 향한 길목에 들어설 수 없다. 각각의 개별적인 단자는 다른 단자들과의 조화를 이루면서도 자신의 고집 센 본성이 명령하는 바에 따라서 자기들만의 분리된 삶을 살아가는 것이다.

어느 한 관점에서 보면 성경은 단테의 문학처럼 통일되고 연속적인 것으로 보이는데 지금까지 우리는 이런 식으로 성경을 보아왔다. 그러나 다른 관점에서 보면 성경은 분산적(decentralized)이며

현현적(epiphanic)이며 비연속적(discontinuous)인 것이다.[60]

예수는 니고데모에게 성령으로부터 난 자는 바람과 같아서 어디에서 오며 어디로 가는지 알지 못한다고 말한다. 성령으로 태어난 사람의 삶을 어떻게 표현할 수 있을까? 연속체적이며 통일체적인 전기로써 표현하는 것은 불가능하다고 본다. 일종의 형태 없는 환상의 출현도 여기에는 모자이크처럼 적용이 불가능하다. 복음서의 기자들은 때때로 발췌구(pericope)라는 방법으로 이 문제를 해결하고 있는데 이것은 흔히 단락부호로 표시된 짤막하고 비연속적인 단위를 말한다. 기적적인 치유와 같은 중대한 사건들이나 비유나 교훈의 선포와 같은 중요한 발언을 유발하는 문맥이나 상황 속에서 예수가 나타난다. 따라서 복음서는 성 클레멘트(Saint Clement)가 마가복음서에 대하여 언급한 것처럼 비연속적인 현현의 연속이다. 발췌구에서 소위 "알맹이(kernel)"라고 할 수 있는 기적, 비유, 격언들과 이러한 것들이 발생하는 컨텍스트인 "껍질(husk)"을 구별할 수 있다. 구약에서도 비슷한 껍질을 이루는 컨텍스트들을 찾아볼 수 있는데 예언으로 된 신탁들이 예언자들의 생애와 경력의 문맥 속에 끼워져 있다. 역사란 주로 어떤 율법이 지켜지거나 혹은 지켜지지 않을 때 무엇이 일어나는가를 예증하는 것이기 때문에 아마도 성경의 모든 역사적 양상은 하나의 껍질, 즉 어떤 율법들의 컨텍스트로 볼 수 있다.[61]

'공명(resonance)'이라는 비평적 원리에 의하면 특정한 상황 속의 특정한 진술이 보편적인 의미를 지니게 한다. 이사야서 63장의 포도주 짜는 틀을 혼자 밟고 있는 피에 젖은 신에 대한 환상은 엄청난 아름다움을 가지고 다가온다. 이 환상은 지속적으로 그 위력을

---

60) Northrop Frye, p.209
61) Ibid., p.216

발휘하지만 원본의 컨텍스트에서는 구약 후기에 유대의 영토를 침범했기 때문에 증오의 표적이 되었던 에돔 사람들이 당하게 될 대학살에 대한 끔찍한 찬양에 불과하다. 바알 사제들로부터 도망치는 엘리야의 이야기는 지진과 천둥, 불의 소음이 지나간 후에 "고요하고 여린 소리"를 듣는 모습을 보여 주는가 하면 북이스라엘에 있는 모든 바알의 신봉자들이 때가 이르면 도륙될 것이기 때문에 근심하지 말라는 작고 조용하며 속삭이듯 들려오는 음성을 들려준다(왕상19: 12).

공명의 원리는 구절들에만 국한되지 아니하며 텍스트의 컨텍스트 그리고 그 컨텍스트로부터 뻗어 나오는 힘이 없이는 불가능할 것이다. 따라서 성경 안에서 컨텍스트의 통일성은 성경의 진정한 구조를 위한 토대라고 할 수 있다. 또한 다양한 자료들을 결속시키는 통합의 힘은 문화적 압력만 있으면 곧 붕괴되어 버릴 교리적인 일관성이나 논리의 딱딱한 힘이 아니고 은유에 기초한 상상적인 통일성이 갖고 있는 보다 융통성이 있는 힘일 것이다. 은유는 서로 다른 것들을 동일시하는 것이지 모든 내용들이 다 동일한 획일적인 거죽만의 통일은 아닐 것이다.

복음서가 가진 통일성이나 일관성은 바울에게는 근원으로부터 완전히 단절되는 원심적인 전개에 대비한 잠정적인 방어수단으로 보인다. 암적인 생명력을 지니고 있으면서 동시에 내포되어 있는 컨텍스트의 통일성을 해체시키는 분리된 문장들, 즉 "증명하는 성구들(proof texts)"의 무질서가 그 대표적인 예가 될 것이다. 또한 통합된 신화의 다른 형태들처럼 단일성이나 일관성의 개념에는 한계가 존재한다.

사형이나 전쟁 같은 살인에 관한 유보규정들이 구약의 율법에 나오기는 하지만 "살인하지 말라."라는 단호한 계명 속에서 권위의 소리를 가장 확실하게 들을 수 있다. 이 단호한 계명은 율법을 중요하게 생각하기보다는 사람이 살인하지 않는 아마도 할 수도 없는 이상적인 세계에 관한 환상으로서 더 중요하다. 예수의 교훈 중 많은 것이 우리가 살고 있는 것과는 매우 다른 세계를 환기시킴으로써 그것의 실제행위에 대한 지침으로는 부적절하거나 과장되었음을 발견하게 된다. 그러나 그것들은 직접적인 행동지침이 아니고 순진무구한 세계에 관한 환상의 일부이며 행위의 지침이 되는 것은 그러한 환상인 것이다. 이 환상은 하나님과 이웃에 대한 사랑에 그 기초를 두고 있다. 만약 우리가 사랑이 명령받을 수 없는 것이라고 인식한다면 우리는 존재의 이질적인 차원에서 말하고 있는 것이 된다.

마태나 요한을 통상적인 문학비평의 관점에서 살펴볼 수 없지만 그들은 어떤 메시지를 전달하는 일에 깊은 관심을 가지고 있으며 메시지를 전달하는 데에는 정확성이 있어야 하고 부주의하거나 애매한 뜻을 전하는 것이 불가능하다는 것을 경험을 통하여 알았을 것이다. 메시지를 단순한 언어적 시니피앙(지시어)으로 보는 것은 곤란하며 성경을 문학작품의 '이상'으로 생각한다면 적어도 그 '이상'이라는 말을 연구해 볼 필요성을 느끼게 한다. 이 말은 전통적이지만 간과되고 있는 '다중적인(polysemous)' 의미이론으로 돌아가야 한다는 뜻이다. 동일한 구조의 언어 속에서 좀 더 많은 의미를 새롭게 발견할 수 있다는 뜻이며 "여기에는 더 많은 뜻이 있다." 혹은 "그것을 읽을 때마다 새로운 것을 발견한다." 등을 언급하는 것은 전에 새로운 것을 간과했다는 의미가 아니라 우리의 경험 속에 있는 새로운 컨텍스트로부터 생겨난 것일 수 있다는 의미이다. 우리가 일반적으로 언급하고 있는 알레고리적이라는 말의 어원은

헬라어의 "이탈(aileon)"에서 유래했으며 라틴어의 "독립(alienum)" 또는 "분화(diversum)"라는 말과 동일한 의미를 지니고 있다. 창세기 기자가 묘사하고 있는 "바벨탑" 사건이 발생하기 전의 언어현상에서 보여 주고 있듯이 자신의 텍스트만이 유일하고 완전하며 진실한 것이라고 주장하면서 자신의 언어를 동질적인 것으로 인식하는 모노글로시아(Monoglossia) 패러다임, 즉 '단어성'의 패러다임은 제1차 언어적 분화현상이라고 할 수 있다. "바벨탑" 사건이 발생한 이후에 사도행전 기자가 묘사하는 "성령강림" 사건 등에서 나타나는 제2차 언어적 분화현상 속으로, 마치 포스트구조주의와 포스트모더니즘 언어학의 특징이라고 할 수 있는 폴리글로시아(Polyglossia), 즉 '다어성'과 헤테로글로시아(Heteroglossia), 즉 "이어성"의 패러다임으로 이미 1960년대에 그 자리바꿈이 이루어지고 있다고 할 수 있다. 단일한 문화체계 안에서 어느 한 언어가 다른 언어와 맺고 있는 언어의 상호작용을 표현하는 폴리글로시아는 성경텍스트에서 이미 이루어지고 있다.[62]

인간의 교만을 제어하는 하나님의 언어 통제적인 방법은 곧 다양한 언어의 생성을 야기하게 되었으며 또한 다양한 텍스트들이 수반되는 과정을 거치게 된다. 따라서 하나님과 인간의 커뮤니케이션이 이루어진 출력의 결과로써 나타난 성경의 텍스트들은 다양성의 총화라고 볼 수 있으며 거대한 하나의 신화, 즉 천지창조부터 묵시에 이르는 크로노스적 시간관에 의하여 펼쳐진 하나의 설화로써 저자들 자신의 '탈중심적'이며 '파편적'이며 '분산적'인 종교적 체험의 언어들이 "은유의 덩어리들"로 응결되어 반복적으로 나타나는 일단의 이미저리로 통합되었다고 볼 수 있다. 성경텍스트들이

---

62) M.M. Bakhtin, The Dialogic Imagination(Austin: University of Texas Press, 1981), pp.41 – 83

다양성 속의 통일성으로 구성되어 있다면 그 해석 또한 다양성 속의 통일성을 이해할 수 있는 가장 효과적인 방법으로 해석해야 하며 읽어야 한다고 본다. 즉 비연속성 속의 연속성을 지닌 텍스트들의 구성은 "비약(jump)"을 통한 접속으로 연결될 때 "하이퍼텍스트적으로" 구성되어 있다[63]고 말할 수 있으며 현실공간에서는 물론 CS의 공간에서도 하이퍼텍스트적으로 편집된 성경을 하나님과의 커뮤니케이션 도구로 사용해야 할 것이다.

문학비평적 관점에서 볼 때, 성경텍스트들의 구조와 형식, 내용까지도 전통적인 해석에서 탈피하여 새로운 해석을 시도하고 있다. 특히 포스트구조주의와 포스트모더니즘 관점에서 그 흐름을 찾아볼 수 있다. 20세기의 저명한 문학비평가인 헤롤드 블룸(Harold Bloom)은 창세기, 출애굽기, 민수기, 신명기의 가장 기억에 남을 만한 사건들의 기록은 익명의 여성인 "Ms. Moses"가 저자라고 주장한다. 하나의 가정을 전제로 한 주장이지만 블룸에 의하면 저자가 표현하는 중요한 사건들의 하나님은 서구의 주요 문학작품에서 등장하는 주인공과 유사하다는 것이다. 그의 저서인 <제이 문서의 책(The Book of J)>에서 여성의 신분인 J는 이른바 모세오경(Pentateuch)에 등장하는 여성들, 즉 이브, 사라, 리브가, 라헬, 다말, 십보라 등은 특별히 외모가 아름다운 여성들이며 하나님에 대한 경외와 사랑을 결코 숨기고 있지 않고 있는 것으로 묘사하고 있다는 것이다. 반면에 아브라함, 야곱, 모세 등은 그렇게 유능하지도 못했으며 남성다운 매력을 보여 주고 있지 못하다는 것이다.[64] 여성 해방신학적인 관점에서 볼 때, 블룸의 주장은 설득력이 있다고 볼 수 있다. 모세오경뿐만이 아니라 전통적인 가부장적인 하나님, 즉 남성성의 하나

---

63) http://www.csd.uwo.ca/~jamie/hypertext-faq.html

64) Time, October 1, 1990, 53

님이 여성성의 하나님 혹은 양성성의 하나님(God the Androgynous)으로 그 패러다임이 바뀌어 가고 있다. 이사야 기자는 "내가 예루살렘에 평화가 강물처럼 넘치게 하며 뭇 나라의 부귀영화가 시냇물처럼 넘쳐흘러 오게 하겠다. 너희는 예루살렘의 젖을 빨며 그 팔에 안기고 그 무릎 위에서 귀여움을 받을 것이다. 어머니가 그 자식을 위로하듯이 내가 너희를 위로할 것이니 너희가 예루살렘에서 위로를 받을 것이다."라고 고백하고 있다(사66: 12 – 13). 아모스의 아들인 이사야가 하나님을 모성애로써 묘사하는 것은 근본적으로 "여성과 남성은 동등하다(Women and men are Co – Equal)."라는 전제이며 특히 남성들의 주 활동무대였던 남성성의 예루살렘을 "여성성의 예루살렘(female Jerusalem)"[65], 즉 모성애로써 해석하고 있는 것은 아이러니가 아닐 수 없다. 이사야는 "M/F God"에서 "F/M God"로 그 우선순위가 반전되며 "남성 – 시니피에/여성 – 시니피앙"의 구조를 해체시킨다. 따라서 "여성 – 시니피에 – 남성 – 시니피앙"의 패러다임으로 전환시키고 있음을 알 수 있으며 로저 로젠블애트(Roger Rosenblatt)는 "침묵 속에서 피어나는 사람들의 우정(The Silent Friendships of Men)"이라는 수필에서 하나님을 여성성으로 보는 것은 "도의적 공정성(Political Correctness)"의 관점에서 볼 때, 정당하다고 주장한다.[66] 이와 같은 이사야의 여성신학은 "대지의 품"이라고 할 수 있는 어머니의 젖가슴 품에서 살아갈 수밖에 없는 인류의 미래를 예측해 주고 있다고 볼 수 있다. 이사야의 여성신학을 대자연의 생태 신학적 관점과 연계시켜 볼 때, 여성성의 하나님은 특별히 에너지와 숲을 보존하는 환경 친화적인 CS를 사랑하고 있다고 볼 수 있다.

---

65) Philippa Berry and Andrew Wernick, Shadow of Spirit, p.219
66) Time, January 18, 1999, 60

성경텍스트는 그 어떠한 텍스트들보다도 가장 우수한 혼성모방, 즉 패스티시(pastiche)라고 할 수 있다. 패스티시의 관점에서 볼 때, 성경텍스트들은 텍스트와 컨텍스트에서 나온 정보들을 단순히 차용하지도 않으며 내러티브의 형식 또한 비판적이거나 풍자적으로 모방하지 않는다. 구약 성경텍스트는 <야살의 책(The Book of Jashar)>, 혹은 <의인의 책(The Book of Upright)>(왕상8: 13, 삼하1: 18, 수10: 13)을 비롯한 많은 사본들, 즉 EL－Kerak, MRZH, Cuneiform Tablet, Amman Citadel, The Heshbon Ostraca, UCLA: Incirli Stela 등의 고대 사본들을 인용하고 있으며 신약성경텍스트 역시 구약성경텍스트를 패스티시적 방법으로 차용하고 있다. 이 과정에서 성경텍스트들은 저자들의 "텍스트 속의 텍스트"로써 오히려 한 저자가 다른 저자들의 다양한 정보들을 차용하고 있으며 내러티브 테크닉과 그 동기들은 메타픽션(metafiction), 패러디(parody), 상호텍스트성(intertextuality) 등의 다양한 혼합장르 형태를 띠고 있다.

제2절 하이퍼텍스트 성경

CS에서도 인간 정신의 논리적 탐색은 지속된다. 만약 우리가 모든 인간의 지각을 문서의 글자들처럼 간주한다면 CS는 하이퍼텍스트에 접근하는 데 필요한 완전한 컴퓨터 환경이라고 말할 수 있다. CS와 하이퍼텍스트 양자 모두에게 선형적 지각으로는 식별 가능한 움직임의 궤적을 추적할 수가 없다. 우리는 하이퍼텍스트를 이용하여 찰나적인 직관의 속도로 사물들을 연결 짓는다. 하이퍼텍스트와의 상호작용은 빛의 속도보다 더 빠르다고 할 수 있다. 하이퍼텍스트에서 읽기와 쓰기는 전통적인 방식인 한 단계 한 단계씩의 논리적인 연쇄를 직관적으로 뛰어넘도록 돕는다. 단계가 아닌 "비약(jump)"이 바로 하이퍼텍스드상에서 움직임의 특성이라고 할 수 있다.

감각적인 하이퍼텍스트를 위한 환경으로써 CS는 마치 마찰력도 없고 시간성도 없는 매체를 통한 운송처럼 느껴진다. 현실적으로가 아니라 잠재적으로 모든 것이 단 한순간에 존재하기 때문에 비약이란 없는 것이다. 번개 치는 속도란 어떤 것이며 그것이 유한한 존재들에게 얼마나 위험한 것인지 이해하기 위하여 라이프니츠의 형이상학으로 여행할 필요가 있다.67)

성경은 하이퍼텍스트적으로 구성되어 있다고 볼 수 있다. 하이퍼텍스트는 비선형적이며 순간적인 연상, 다차원적인 스토리들을 허용하기 때문에 하이퍼텍스트적으로 성경을 읽는다는 것은 디지털 시대에 특별한 의미를 부여해 주기도 하지만 또 하나의 다른 독서법이라고도 할 수 있다. 밴쿠버 신학교 조직신학교수인 데이비드 로크헤드(David Lochhead)는 다음과 같이 주장한다.

성경의 역사는 하이퍼텍스트 역사였다. 우리가 알고 있듯이 성경은 단순히 하나의 통일된 텍스트로 존재하지 않는다. 그것은 다양하게 수집된 것들이며 일련의 공동체들에 의하여 읽혀지고 채택된 것들이다. 성경을 구성하는 다양한 텍스트들 사이에는 복잡 미묘한 연결들이 존재한다. 인유, 바꾸어 말하기, 인용 등으로 하나의 성경 텍스트는 다른 텍스트들을 참조한다. 더욱이 성경은 언제나 하이퍼텍스트적으로 사용되어 왔다. 직선적인 방법으로 성경은 읽혀지지 않은 것이다. 만약 누군가가 성경을 처음부터 끝까지 읽는다면 — 그렇게 하는 사람들도 있지만 그것은 전형적으로 평생 동안에 한

---

67) Michael Heim, p96

번 독서할 수 있는 사건이 되기 때문에 '나는 성경을 처음부터 끝까지 완독했다.'라고 표현할 것이다. 성경의 전형적인 사용법은 하이퍼텍스트적이어야 한다고 제안하고 싶다. 단편적으로 텍스트에서 텍스트로 점프하면서 독서하는 것이 유익하다.[68]

하이퍼텍스트적 독서법은 단순히 징검다리를 건너뛰는 식의 독서가 아니라 텍스트에서 컨텍스트로 점핑하는 가운데 우리의 영혼 깊은 곳까지 감동을 줄 수 있는 공간까지 컴퓨터 스크린에 나타나는 말씀으로 이동하는 것을 말한다. 그리고 창조적인 텍스트가 되려면 우선 영감을 받은 말씀 속에서 다시 한번 하나님과 접속하고 있다는 사실을 독서 중에 인식할 수 있어야 한다.

예를 들어 본다면, 하이퍼텍스트적으로 시편 23편을 읽는다고 했을 때, 그 출발점으로 '목자(shepherd)'라는 어휘를 사용해 보자. 제1단계로써 성경 전체를 통하여 '목자'라는 어휘가 나타나는 모든 다른 상황들을 확인하는 것이 필요하다. 웹상에서 그 처리과정이 자동으로 진행되기 때문에 단지 WWW Bible Gateway에 접속하여 선호하는 텍스트의 해석을 선택한다. 목자라는 단어를 입력하고 리턴을 누르면 그 어휘가 나타나는 모든 텍스트를 볼 수 있다. 선택된 문장을 독서함으로써 시편의 어느 한 단어에 연계된 함축적인 의미와 풍부한 연상들을 감상하며 인식할 수 있을 것이다.

또한 목자와 양의 이미지를 어떻게 해석하고 있는지 알아보기 위하여 인터넷을 이용할 수 있다. 예를 들면 로마의 시스틴 성당 (Sistine Chapel)에 있는 "모세의 생애(the Life of Moses)"나 "선한 목자(the Good Shepherd)"에 관한 회화들과 조각상들을 보면 모세는 역시 성경의 위대한 다른 인물들처럼 목자였다는 것을 상기시켜 주고 있다. 아브라함은 양치기였으며 왕이 되기 전의 다윗도 목자

---

68) http://members.home.net/dlature/united/ph2paper/theofocus4.html

였다. 사무엘서의 기자에 의하면 다윗은 광야에서 자기의 양들을 구하기 위하여 필요하다면 맨손으로 어떻게 늑대들과 싸웠는지 그 모험담을 묘사하고 있다. 광야에서 야생동물들과의 싸움에서 나타난 용맹과 양들에 대한 사랑의 조화가 대단히 아름답게 묘사되어 있기 때문에 결국 시인들과 예언자들은 하나님을 전 인류의 목자로서 인식하게 된 것이다. 이와 같은 이미지와 연상들이 신약성경에 지속적으로 연계됨으로써 예수를 '선한 목자'로써 묘사하고 있으며 모든 제자들에게 이웃을 위한 종들이 되도록 촉구하고 있다. 또한 목자의 이미지를 불러일으키도록 하는 것이 그리스도의 사명이었다고 할 수 있다.

이와 같은 전통이 성경의 페이지를 초월하여 지속되었으며 예술가들, 시인들, 음악가들은 목자와 양의 이미지에 호소하고 있으며 우리 안에 있는 목자의 이미지를 추구하며 발견하도록 호소하고 있다.

"의의 길(paths of righteousness)"로 인도하는 목자가 있다는 해석을 살펴본다면 우리의 마음속에 연상되어 나타나는 것은 도덕적으로 정당한 행동양식일 것이다. 성경적 언어는 그보다 좀 더 구체적으로 나타난다. 이 해석의 보다 나은 표현은 의식주의 문제뿐만이 아니라 이와 상응하는 특별한 그 무엇으로 안내하는 길처럼 "의로운 길(the right paths)"이 될 것 같다. 실제적인 물리적인 길, 육로, 해로, 항로, 고속도로 혹은 오솔길 등은 다름 아닌 "웹의 길"로써 웹의 구조처럼 링크되어 있다. 시공간에 구애받지 아니하고 초월하여 임의대로 어디든지 이동할 수 있으며 상상할 수 없지만 존재하는 그곳까지 다다를 수 있는 것이다.[69] 이미 스가랴가 본 "날아가는 두루마리(a scroll flying)"(슥5: 1)는 "사이버두루마리(cyberscrolls)"[70]

---

69) http://christianity.about.com/culture/christianity/library/weekly/bl23r.htm

가 되어 보이는 신앙 공동체와 보이지 않는 신앙공동체의 영적 통합을 지향하는 하이퍼텍스트를 상징적으로 잘 보여 주고 있다고 볼 수 있다. 삼위일체 하나님은 하나님 자신의 섭리를 위하여 전자고속도로, 혹은 디지털 오솔길을 최대한 이용하실 것이며 20세기보다도 더 효율적이며 기능적인 마치 "시너지페이퍼(synergy paper)"[71]와 같은 성경하이퍼텍스트들을 이용하실 것이다. 그럼에도 불구하고 하이퍼텍스트들은 '미로'와 같은 그물망 속에서 방향감각을 상실할 우려가 있으며 인지적 과중상태를 겪게 되기도 한다.

70) http://helpdesk.uconn.eud/scrolls/scrolls.html

71) http://members.home.net/dlature/newmedia/synintro.html

제4장
로고스(Logos)에서 소마(Soma)로

제1절 로고센트리즘(Logocentrism)의 해체

    서양철학에서 로고센트리즘을 중시하는 이유는 로고스(logos)가 서양에서 가지는 중요성에 그 이유가 있기 때문이다. 글쓰기보다 말하기에 더 우선권을 부여하는 "음성중심주의(phonocentrism)"는 본질적으로 존재하는 사유, 진실, 이성, 논리, 말씀의 의미질서를 지향하는 로고센트리즘과 밀접한 관련성을 지니고 있다고 볼 수 있다. 서양철학에서는 오랜 역사에 걸쳐서 "로고스보다 앞선 존재"와 "로고스 밖의 존재"는 있을 수 없으며 "존재의 로고스, 즉 '존재의 소리에 복종하는 사유'는 기호의 처음이자 최후의 수단이다(The logos of being, 'Thought obeying the Voice of Being', is the first and the last resource of the being)."라고 인식되어 왔기 때문이다.[72]

    마틴 하이데거(Martin Heidegger)는 "존재의 소리는 침묵이며 말

---

72) Jacques Derrida, Ibid., p.20

이 없는 비공명성으로 기본적으로 비음성적이다(It(voice of being) is silent, mute, insonorous, wordless, originarily)."라고 주장한다. 기본적으로 근원의 소리는 들리지 않는다는 것이다. 따라서 존재의 일반적인 의미와 어휘, 소리, 존재의 부름과 정확한 소리 사이의 균열 등은 기본적으로 은유를 생성시킨다고 볼 수 있다. 그리고 은유적 균열을 강조함으로써 현존과 로고스센트리즘의 형이상학은 헤겔(Hegal)은 중의적인 상황으로 해석하고 있지만 그러나 이 둘을 분리시키는 것은 불가능하다.[73]

"로고스"라는 단어에는 두 가지의 근본적인 의미가 있다. 첫 번째 의미는 요한복음 1장 1절에 나오는 요한기자의 "말씀(Word)"으로서의 로고스이다. 이것은 기독교의 근본가치이며 존재이유이기도 하다. 로고스는 하나님의 말씀이며 또한 하나님의 아들로서 세상에 오셔서 인간을 구원하러 오신 예수의 말씀이기도 하다. 그러므로 말씀은 곧 하나님 자신과 그의 '현존'을 나타내며 성경텍스트의 현존으로 남아 있는 것이다.

로고스가 갖는 두 번째 의미는 이 단어가 가지는 이성(reason)으로서의 로고스의 힘이다. 이성으로서의 로고스는 '말씀'으로서의 로고스와는 질적으로 다르지만 말씀으로서의 로고스를 강화시켜주고 있다고 볼 수 있다. 예를 들면 세상에는 처음과 끝이 있다든지 또는 세상의 모든 생물과 무생물은 창조된 것이며 창조되기 위해서는 창조주가 있어야 한다는 생각이 바로 그것이다. 그러나 창조주는 출애굽 기자에 의하면, "스스로 존재하는 이(I am; that is who I am)"(출3: 13)로서 누구에 의하여 지음을 받지 않은 제1원인이 되기 때문에 움직이지 않으면서 움직이는 존재라고 할 수 있다. 다시 말하면 창조된 세계는 이성으로써 모든 것이 해석될 수 있지

---

73) Ibid., p.22

만 스스로 존재하는 창조주는 인간 이성의 한계를 넘는 세계에 존재하고 있기 때문에 인간 이성의 자로 잴 수 없는 것이다. 그럼에도 불구하고 인간들은 하나님이 주신 이성의 힘을 필요한 한도 내에서 최대한 활용하고 있다고 볼 수 있다.

이성은 한결같이 자아와 법 사이의 매개체로 생각되어 왔다. 자율성의 의미는 문자 그대로 '자신에게 법이 된다.'라는 의미로 해석된다. 법에 순종할 수 있는 것은 이성적인 존재이기 때문이며 법은 이성의 법이라는 주장이 서양의 공통적인 전통이기 때문에 이성은 "이는 내 뼈 중의 뼈요, 살 중의 살이다(Now this, at last, bone from my bones, flesh from my flesh)."(창2: 23)라는 창세기 기자의 담론이 법이 될 수 있는 것이다. 이 같은 관점은 임마누엘 칸트(Immanuel Kant)가 말하는 "타율성"이나 기독교인들, 유대인들, 이슬람교도들, 불교인들 등이 말하는 "신률"의 관점은 아니라고 할 수 있다.

하나의 규범으로써 이성은 자기 충족적인가 하는 문제에 대하여 이성은 언제나 기본적인 이성 자체에 신뢰를 두고 있으며 궁극적인 관심의 문제로 지향해 간다고 볼 수 있다. 궁극적인 관심이나 기본적인 신뢰는 모두 종교적인 담론이 될 수 있기 때문에 이성은 종교적이라는 명제가 가능하다.

기독교의 복음은 로고센트리즘과 음성중심주의를 동시에 포함하는 말씀으로서의 우선권을 누리어 왔다. 절대성을 정의하기 위하여 언제나 선/악, 이성/감성, 작가/독자, 자연/문화, 남/여, 백/흑, 긍정/부정 등의 이분법적 사고로 상호 공존(juxtaposition)이 아닌 우열을 지향해 왔다고 볼 수 있는 로고센트리즘은 알곡과 쭉정이를 구별은 할 수 있으나 "추수 때까지" 공존할 수 있도록 허락하는 예수의 담론(마13: 29 – 30)을 '오해'하는 부분이 없지 않았다고 볼 수 있다.

창세기의 역사가 이분법을 지향하면서 시작되었다고 볼 수 있지만 예수는 '반-로고센트리즘(counter-Logocentrism)'을 지향하면서 헤브라이즘 속에 내재해 있는 로고센트리즘과 헬레니즘의 핵심적인 담론의 정수라 할 수 있는 로고센트리즘을 해체하고 있다고 볼 수 있다. 이 같은 역사의 변천과 함께 데카르트(Descartes)의 사유체계(I think, therefore I am)는 자크 라깡(Jasques Lacan)의 해체적 사유체계, 즉 "나는 생각하지 않는 곳에서 존재하고 존재하지 않는 곳에서 생각한다(I think where I am not, therefore I am where I think not)."[74]는 선언으로 더 이상 설 자리를 잃게 된다. 나의 사유는 곧 나를 비추어 주는 것이 아니다. 완벽하게 스스로 투명하여 자기 자신을 에누리 없이 소유할 수 있는 것도 아니다. "나는 생각한다."라는 의식이 없는 곳에서 "나는 존재한다." 또한 "내가 존재한다."라는 곳에서 "나는 생각하지 않는다." 말씀이 곧 육신이 되며 빛이 곧 사물이 되듯이 존재는 곧 사유라는 등식은 더 이상 존재의 가치가 상실되어 가고 있다. 라깡의 사유체계는 예수 그리스도의 성육신 사건과 부활의 사건을 이상적으로 묘사해 줄 수 있으며 존재와 실재의 관계, 내면세계와 외면세계의 관계를 특수한 영상기능으로 이상적인 자아의 원형을 출력시키고 있다.

---

74) David Lodge, Modern Criticism and Theory(New York: Longman Inc., 1988), p.97

제2절 웹으로서의 소마

가상현실 모델언어(VRML)의 창시자인 마크 페스스(Mark Pesce)는 텍스트에서 행위에로의 이동에 대하여 "우리는 행위와 존재사이에 있는 피드백에 참여해 왔으며 행위와 존재는 구조적으로 연계되어 있다. 왜냐하면 세계를 형성하고 있는 말씀(WORD), 즉 로고스를 재정의하기 때문이다. 우리는 새로운 언어의 조명을 통하여 존재와 행위 사이에서 새로운 관계를 창조해 내기 위하여 노력하고 있다."75) 여기서 텍스트의 어휘선택은 다분히 의도적이라 할 수 있으며 많은 새로운 언어들이 수행언어의 범주 안에 놓여 있다고 볼 수 있다. 따라서 머드(MUDs)의 세계가 가장 분명하게 나타나는 세계라 할 수 있다. 머드는 많은 사용자들에 의하여 창조된 텍스트에 기초한 환경들이다.

머드의 세계에서 서술은 창조와 동일한 것이다. 아미 부룩스에 의하면 그녀가 머드 속에서 창조한 최초의 물건은 방안에서 "배가 고프다."라는 말을 할 때마다 불안하게 꿈틀거리는 파스타(pasta) 접시였다. 아미의 주인공이 머드 속에 없었더라도 그녀가 파스타 접시를 방안에 놓았던 머드의 방안에 있는 모든 사람들이 공공장소에서 이루어지는 대화 속에서 "배가 고프다."라는 어휘의 발화, 즉 스파게티의 접시가 불안하게 꿈틀거린다는 메시지를 스크린을 통하여 볼 수 있다. 대화의 시작을 기다리면서 주위에 놓여 있는 스파게티의 접시들을 가지고 있을 때, 의사전달에 대한 매우 다른 상황을 연출하게 된다.76)

이 같은 예시가 매우 사소하게 보일지 모르지만 그럼에도 불구하

---

75) http://www.hyperreal.com/~mpesce/Ignition.html

76) http://www.rheingold.com/vc/book

고 의사전달에 있어서 새로운 방향을 전달해 주고 있는 것이다. 스테판 오레어리(Stephen O'Leary)에 의하면, 월터 제이 옹(Walter J. Ong)은 문화적 의식은 읽고 쓸 수 있는 능력을 통하여 "1차적 구강단계(primary orality)"로부터 "2차적 구강단계(secondary orality)"로 발전해 왔다는 것이며 옹의 이론은 다양한 커뮤니케이션의 형태들이 서로 다른 복잡한 감각들을 이용하고 있으며 각 문화 속에서 커뮤니케이션의 실제적인 실행에 관한 독특한 복합성, 즉 감각중추(sensorium)가 개인과 문화적 정체성의 형성에 지대한 영향을 미치고 있다는 것이다. 옹은 문화란 유착에 의하여 발전한다고 믿고 있기 때문에 감각중추는 각각의 경우에 전 단계들을 포용하는 방향으로 확대되어 간다.77) 이와 같이 2차적 구강단계는 새로운 전자매체시대에서 인쇄문화에서 시작된 이미지들과 어휘 사이의 분열은 반전을 야기하며 그 결과 다시 전체적인 감각중추는 시각, 청각, 이미지와 음악 등을 포함시킨다. 이 같은 단계는 의식에 대한 CMC의 특수효과를 나타내주는 "원격문명(teleliteracy)"으로 언급되어 왔다.78)

원격통신(telecommunication)은 거의 선을 그을 수 없는 커뮤니케이션의 혼합 형태를 생성시켜 왔으며 물리적으로 글쓰기를 모방하고 있지만 "순간적 특성을 지닌 형광문자(ephemeral nature of luminescent letters)"79)와 상호작용에 대한 잠재성을 구어체영역에서 보다 더 간접적으로 자리 매김이 되어 왔다.

혼합 커뮤니케이션과 "자아 반영적"으로 구성된 텍스트, 즉 교차

---

77) Stephen D. O'Leary, "Cyberspace as Sacred Space: Communicating Religion on Computer Networks," Journal of the American Academy of Religion 64: 4(Winter 1996), p.784

78) http://www.clas.ufl.edu/users/seeker1/scholarly/orality.htm

79) John Coate, "Cyperspace Innkeeping: Building Online Community," CRTNET#905, available from LISTSERV@PSUVM archives, quoted in O'Leary

적이며 의식적으로 정체성과 리얼리티를 구성하는 의미는 철저하게 포스트모던 관점에서 볼 때, CMC와의 연계성을 보여 주고 있는 것이다. "다른 컨텍스트 안에서 포스트모더니즘이 암호처럼 보여 왔던 것, 즉 탈중심화, 상호텍스트성, 파편화, 대상지향적 언어 등은 그 정체성이 분명해졌다고 볼 수 있다. 따라서 하이퍼텍스트는 포스트모던 커뮤니케이션과 컴퓨터의 기초적인 표본이라 할 수 있으며 전통적인 텍스트를 해체시키며 정보를 통한 수평적 관계를 지향한다."[80] 또한 웹 자체는 하이퍼텍스트적으로 구성되어 있다고 볼 수 있다. 웹을 통한 경로는 선험적으로 미리 결정된 것은 아니지만 다양한 경험에 대한 정보들이 가득 차 있다. 포스트모던 컴퓨팅은 심층보다는 표층을, 실재보다는 가상을, 진정성보다는 유희를 우선적으로 고려하고 있기 때문에 정체성 혹은 영적 신앙을 확립하기 위한 이상적인 기준은 될 수 없다고 주장하는 이론들도 있지만 그것은 지극히 부분적이며 오히려 포스트모던 컴퓨팅의 위력을 파편적으로 보고 있다고 할 것이다. 하이퍼텍스트의 공간은 '하나님'의 '말'이 구체적으로 구현되는 유기체적인 '소마', 즉 '웹으로서의 소마'로 이미 자리를 잡고 있다고 볼 수 있다.

소매틱스(somatics)는 1인칭 관점에서 유기체적인 '몸(body)'의 내부구조를 분석하는 것이다. 외부에서 육체를 직시하는 3인칭의 관점과는 대조적인 개념이라고 할 수 있다. 'somatics'라는 용어는 '몸' 혹은 '육체'를 의미하는 헬라어 'soma'에서 유래되었으며 통합적인 몸의 경험에 대한 토마스 한나(Thomas Hanna)의 연구에서 처음 사용되었다. 요가(Yoga)나 태극권(Tai Chi)과 같은 동양의 섭생법과 치유법, "몸의 신학"은 이와 같은 '몸' 전제에서 출발한다고 할 수 있다. 에너지, 기(ki), 치(chi), 프라나(prana)와 같은 어휘들은

---

80) http://www.wired.com/wired/4.04/fearures/turkle.html

그것의 현상적인 의미를 1인칭의 물리적 과정에서 얻는다. 서양의 형이상학이 관찰자와 관찰 대상, 육체와 정신 사이의 단절 내지는 분리를 주장하지만 동양의 형이상학은 마음과 육체가 조화를 이루는 더 충만한 현존을 형성하고 있다고 할 수 있다. 소매틱스의 관점에서뿐만이 아니라 유기체적인 웹으로서의 예수의 "성육신"된 '몸'은 '사이버 육체(cyberbody)'라고 할 수 있으며 "하나님의 형상" 대로 창조한 인간의 원초적인 몸도 '사이버 육체'라고 할 수 있다. 신체적인 죽음을 경험하지 못하고 시공간을 초월하여 "하늘나라"의 공간 속으로 사라져 버린 에녹, 엘리야, 그리고 죽음에서 소생의 경험을 체험했던 나사로, 부활하고 난 후 마치 '투명인간'처럼 활동하신 예수의 '육체'는 CS의 공간에서 더욱더 용이하게 해석될 수 있다고 본다. 따라서 전통적인 기독교의 인간관과 부활론은 웹신학의 관점에서 재해석되어야 할 필요성을 느낀다.

제3장 1절에서 언급했던 라이프니츠의 단자론에 따르면 단자에 의하여 지각된 물리적 공간이란 경험이 만들어 낸 불필요한 부산물이라고 볼 수 있다. 시공간적인 경험은 자기 실존의 진정한 기원을 파악하지도 못하는 분명치 않은 유한단자의 정신들이 지닌 한계점까지 거슬러 올라간다. 영원성이라는 관점에서 볼 때 단자는 이성적인 법칙에 따라 존재하며 명령받지 않은 그 어떠한 운동도 하지 않는다. 단자들이 어떤 운동이나 변화를 일으키건 간에 그것은 빛의 속도로 이루어지는 신의 절대적인 인식 속에 사라져 버린다. 라이프니츠에 의하면 '소마'는 인식상의 불투명함만을 안겨줄 뿐이라고 주장한다. 플라톤적 상상을 해본다면 이렇게 불투명하게 생겨난 세계는 '지성의 빛'을 흐리게 할 수 있다.[81]

우리가 다른 사물들과 떨어져 있고 또 개인적으로 현존할 수 있

---

81) Michael Heim, p.106 – 7

으려면 육체를 가진 존재여야 한다. 육체적인 실존이야말로 우리의 개인적인 정체성과 개별성을 보장하는 것이며 법칙과 도덕성은 물리적인 신체를 프라이버시를 설정하고 지켜주는 장벽이나 절대적인 테두리로 간주한다. 웹은 하나님의 선물로써 뼈와 살의 직접성을 무시하거나 아니면 시뮬레이션(simulation)으로 참가자들의 물리적 현전(physical presence)을 간단하게 묶는 것이다. 어떤 의미에서 이것은 물리적인 동일성에 의하여 부과된 제약조건들로부터 우리를 해방시키는 것이라고 볼 수 있다. CS 안에 나타나는 육체를 무시할 수도 있고 창조할 수도 있기 때문에 웹상에서 우리는 평등의 의미가 무엇인지 인식할 수 있을 것이다. 그러나 다른 의미에서 본다면 인간적인 만남의 질은 점점 좁아진다고 할 수 있다. 사이버 육체는 우리의 정신이 드러내 보이고 싶어 하는 것만큼만 우리 자신을 드러내 보이며 육체적인 접촉은 선택사항이 될 수 있다. 디지털 공동체의 다른 구성원들과 얼굴을 맞대고 지내야 할 필요성이 감소되어 가며 물리적인 만남이 이루어지지 않더라도 자신만의 분리된 삶을 누릴 수 있다. 이제 육체는 에스겔 기자의 환상처럼 글자 그대로 정보 시스템을 이식하는 데 필요한 "고기 덩어리(meat)"가 되었다(겔37: 8). 그러나 하나님의 '생기'를 통하여 컴퓨터가 손목뼈나 두개골에 직접 연결되어 주요 신경줄기를 두드려 댐으로써 칩들은 신경신호들을 보내거나 받게 되는 "웹으로서의 몸"[82]이 된다(겔37: 14). 컴퓨터 인터페이스에서 정신은 육체로부터 총체적인 표상의 세계로 이동해 간다. 정보나 이미지들은 육체적 경험에 그 기반을 두지 않고 마음속으로 '사이버 여행'을 떠나는 것이다.

---

82) Ibid., pp.100－01

제5장
하이퍼신학과 공간의 개념

접두어 '하이퍼(hyper)'는 '연장된(extended)'이라는 뜻이다. CS는 3 차원을 초월하여 4, 5차원의 세계로 연계되는 공간이며 하이퍼시스템은 비선형적으로 연결된 시스템(nonlinear linked system)이라고 할 수 있다. 하나의 접촉점은 전혀 다른 평면이나 차원 위에 있는 어떤 접촉점에 직접 연결된다. 따라서 하이퍼미디어는 인터넷 공간에서 하이퍼링크를 통한 하이퍼텍스트의 내용들을 '동시 발생적'으로 전달해 주고 있다.

웹 신학(Web Theology)이라고도 불리는 하이퍼신학은 철학과 신학 그리고 다른 체계들의 기초적이며 논리적인 구조들의 연구에서 비롯되었으며 그들의 논리적 구조의 체계들을 기하학적 차원의 유비적 방법으로 묘사될 수 있다는 점이다. 부처(Buddha), 헤라크리터스(Heraclitus)와 에크하르트(Master Eckhart)와 같은 사람들의 관점들은 일원론(monoism)을 지향하며 "제로차원(zero – dimensional)"을 고려해왔다고 볼 수 있다. 그들은 기본적인 차이, 반대논리, 궁극적 실재의 부분적 혹은 양태들을 인정하지 않는다.[83]

단일적 논리(monologic)는 참/거짓, 옳음/그름, 선/악 등의 사이에 존재하는 반대논리, 즉 대조법에 그 근거를 두고 있다. 이것은 이성에 대한 기본적인 기초를 제공해 주며 세계를 바라보는 자연 - 언어적 그리고 또한 전통적인 서구의 "이분법적" 방법이 되어 왔다. 그것은 합리적인 사고에 수반되는 필수적인 사유체계를 구체적으로 설명해 줄 수 있으며 이 같은 반대논리의 축 때문에 전통적인 논리는 마치 하나의 선처럼 1차원적이라고 말할 수 있다.

신학, 철학 그리고 다른 많은 인간의 사유체계들은 단순하지 않기 때문에 종종 "역사" 혹은 "픽션", 심지어 "모순"이라고 묘사되는 혼동을 야기하는 관계성을 보여준다. 그러나 이러한 관점들은 실재적으로 모순 이상이 될 수 있다. 수많은 갈등들을 해결할 수 있는 열쇠는 마치 사각형의 공간에서처럼 교리들은 2차원적 틀에 적합하다는 것을 인식하는 것이다. 이 영역은 두 개의 분리된 것, 단일논리의 '직각', '축', 다시 말하면 두 개의 분리된 "논리/반논리 (theses/antithese)"를 말한다. 이것을 기호로 표현하면, A와 not - A, B와 not - B의 관계라 할 수 있다.[84] 분리하여 생각해 볼 때, 두 개의 반대논리 'A on B'는 단지 바람직스러운 아이디어들에 대한 부분적 진술을 제시해 주지만 이것은 종종 오해와 과장을 야기한다. 통합하여 생각해 볼 때, A와 B의 두 개의 명제들은 서로 균형을 유지하며 서로의 과장들을 조정해 주는 데 기여한다.

A와 B의 복합적인 진술은 두 개의 상보적 명제들에 대하여 동시긍정을 나타내 준다. 명제들의 좌/우의 위치는 중요하지 않으며 이 같은 형식을 여기서는 '대화적'인 것이라고 말할 수 있다. 대화의 중요한 특징은 A의 과장은 B의 부정을 함축하고 있으며 그 역

---

83) http://members.home.net/dlature/united/ph2paper/Wtindex.html

84) http://www.balancedscorecard.org/bridges/ASA/ht/intro.html

도 동일하다는 것이다. 이 같은 특징을 예외로 할 때, A와 B 사이의 관계는 논리적으로 결정되지 않는다. 그들은 담론을 통하여 경험적으로 인식해야 하며 A와 B는 단순히 보다 더 완벽하거나 균형 있는 관점을 형성하기 위하여 서로를 '보충(완)'하는 것이라고 말할 수 있다.

기독교 신학은 견고하게 통합 지향적 성경텍스트에서 파생된 고대의 담론영역이라고 할 수 있다. 그 신조들은 2000년의 세월을 거쳐 오면서 이단과의 경쟁과 논쟁, 연구로 정립되어 왔으며 "정통" 기독교 신학의 중요한 한 가지 특징은 모든 성경텍스트에서 균형 있게 해석된 다양한 사상들에 대한 시도라고 볼 수 있지만 이른바 '이단'적 관점들은 텍스트의 한 부분을 지나치게 과장하여 확대 해석하는 경향이 있었다. 신학에서 우리는 종종 풍부한 성경적 관점을 표현하기 위하여 상호 수용적이어야만 하는 두 개의 보충적인 명제들을 찾을 수 있다. 그러나 그것들은 아직도 서로 상반적으로 나타나며 이 명제들이 일반적으로 수용할 수 없는 하나의 진술과 혼합을 시도한다. 그것은 텍스트의 관계성을 제2의 차원으로 확대시키는 데 기여해 온 이유라고 본다.

몇 가지 경우에서는 풍부한 신학적 표현 때문에 제3의 차원으로 확대된다. 몇몇 신학의 중심적 교리들은 충분한 상호관계를 나타내기 위하여 보충적인 차원을 요구한다. 3차원적인 구조는 2차원적 대화구조로서 동일한 규칙을 준수한다. 즉 그 개념의 보충적 관점을 공동으로 형성하고 있는 3개의 "직교적(orthogonal)" 명제들이 있다.[85] 차원적 구조들을 나타내기 위하여 평면적 스크린의 사용은 불가능하지만 실제적으로 그것은 불필요하다. 2차원적 대화가 연계된 셋은 3차원적 관계성을 나타내는 데 적합하다.

---

85) Ibid. p.3

하이퍼텍스트는 이러한 사상들을 나타내는 유용한 도구로서 입증될 수 있다. 왜냐하면 그곳은 인쇄된 페이지보다도 융통성 있는 관계성을 허용하기 때문이다. A와 B의 대화석 관계에서 두 개의 '상위진술'은 긍정적이거나 적절한 관점들을 나타내 주지만 두 개의 '하위진술'은 관점들의 어느 하나를 부정하는 결과를 낳게 하는 '과장'들이라고 볼 수 있다.

대화적 구조는 고대사상 가운데서 풍부한 구조와 정교함을 밝혀 주고 있으며 다차원적 개념들에 대한 충분한 인식 표현으로 그것들을 1차원적인 것으로 볼 수 있기 때문에 이 같은 관점들 속에 있는 비합리성이나 모순들을 일소시켜 준다.

'보충'과 '대화'의 개념들은 새로운 것이 아니다. 고대 중국의 사상은 음/양의 상징으로 표현되듯이 이상적인 극단들을 피하기 위하여 바람직한 '균형' 혹은 '중용'을 오랫동안 인정해 왔으며 서양에서는 아리스토텔레스(Aristotle)가 물리학적 용어인 개념, 즉 "합성(synalon)"이라는 어휘를 소개했다. 어거스틴(Augustine)과 칼빈(Calvin)은 대화적 구조들이 절대적이라는 사상들을 기술해 왔으며 20세기에 '보충'이라는 어휘는 니엘 보르(Niels Bohr)에 의하여 양자역학의 현상들을 묘사하기 위한 패러다임으로 채택하기도 한다. 그의 이론은 양자현상의 이상적인 파장과 분자들 사이에는 강력하며 상호 배타적인 형식이 존재한다는 것이다.

대화적 사고의 효용성에 대한 최근의 인식은 60년대 이후에 미국과 유럽에서 비평활동을 했던 장로교 복음주의 신학자인 프랜코스 스캐퍼(Francos Schaeffer)의 이론에 기초한 것이라고 할 수 있다. 그의 소책자, <지켜보는 세상 앞에 선 교회(The Church Before the Watching World)>(1971)는 이 과제에 대한 기초적인 자극제였다고 할 수 있다. 스탠포드대 물리학 교수인 리차드 부베(Richard Bube)

도 역시 미국과학 협회와 기타 다른 기관에 기고한 글에서 대화 구조들의 가치를 인정하고 있다.

대부분의 대화유형은 담론의 다양한 다른 영역들 속에서 특별한 혹은 위장된 형식 속에서 나타난 전통적인 것들이라고 할 수 있으며 이것들은 소위 리치드 도킨(Richard Dawkin)이 <자아적 유전자(The Selfish Gene)>에서 사용한 전문용어 "미미(meme)"의 개념과 유사하다고 볼 수 있다. 미미는 "자체 생명력을 지닌 문화적 자동 복제 단위(self-replicating units of culture that have a life of their own)"와 인간의 "기억(memory)"을 의미한다. 미미가 문화와 관련성이 있다면 유전자들은 생명과 그 연계성이 있으며 생물학적 진화가 유전자의 적자생존에서 야기되는 것처럼 문화적 진화는 가장 성공적인 미미들에 의하여 야기된다. 인간의 의식은 그 자체의 거대하고 복잡한 미미들의 집단이며 이들 사이의 대화라고 할 수 있다. 어떤 사상, 표현, 사고, 비유 등이 하나의 미미가 될 수 있다. 미미들의 패러다임에서는 확산적이며 확산의 필요성과 그 능력을 소유하고 있기 때문에 가장 "진화론적으로" 성공한 것들이라고 볼 수 있다. 미미들은 복제를 위한 진화론적 투쟁에서 서로 경쟁하고 있으며 동시 다발적으로 확산되어 가기도 하지만 상대의 경쟁자들을 제거함으로써 스스로의 생존의 길을 가기도 한다. 이러한 관점에서 복음주의 기독교, 로마 알파, 영어 혹은 비틀즈(Beatles)가 부른 "Eleanor Rigby" 등은 그 예라 할 수 있다. 미미에 대한 사상들은 수많은 공상과학 소설에서 등장하며 20세기 후반에 이르러 미미학(Memetics)까지 태동하게 된다.[86] 이 미미학은 하나의 미미의 예가 될 수 있는 인터넷과 밀접한 관련성이 있으며 하이퍼텍스트가 하이퍼링크를 통하여 접속되는 하이퍼신학과 밀접한 관련성을

---

86) http://landow.stg.brown.edu/cpace/infotech/cook/screamingmeme.html

갖게 될 것이다. 여기에는 다양한 유추적 "dimemes" 혹은 "trimemes" 라고 불리는 것들이 존재한다.[87]

대화적 관계는 거의 보편적인 현상으로 인간의 모든 언어 그리고 인간 삶의 모든 관계와 표현, 즉 의미를 지니고 있는 모든 곳에 침투해 있다고 볼 수 있다. 신학과 과학의 본질적인 차이점이 있다고 한다면 그 대화성에서 찾아야 한다고 본다. 과학은 독백적이며 단성적인 방법으로 인간의 문제들을 규명하고 있는 반면 신학은 대화적 다성적인 방법으로 인생의 문제를 조명한다. 미하일 바흐친에 의하면 어느 한 언어가 지니고 있는 내적 분화현상을 "헤테로글로시아(Hetroglossia)", 즉 "이어성"이라고 표현하고 있는데 이것이 텍스트 속으로 들어오게 되면 그 성격이 달라져서 저자의 의도는 감소하는 반면에 본래의 언어는 타자의 언어로 바뀌게 된다는 것이다. 이러한 언어를 이중적 목소리로 된 담론이라고 표현할 수 있는데 이 담론은 동시에 두 사람의 화자는 물론 두 개의 서로 다른 의도를 표현하고 있다. 여기서 서로 다른 의도란 말을 하고 있는 텍스트의 주인공들의 의도와 저자의 굴절된 의도를 말한다. 이들 목소리와 의도는 마치 실제로 대화를 나누는 것처럼 대화적으로 관련되어 있으며 이중적 목소리로 된 담론은 언제나 대화적 관계를 맺고 있는 것이다. 즉 "대화적 이어성"이라고 표현할 수 있을 것이다.

이 같은 대화적 이어성은 성경텍스트의 특별한 대화적 상황에서 발생하고 있다는 점은 인간들의 대화적 이어성뿐만이 아니라 자연계의 피조물을 비롯한 눈에 보이지 않는 영적 세계의 대화성까지 묘사하고 있기 때문에 주목할 만하다고 할 수 있다. 에덴동산에서 이브와 뱀, 하나님과 뱀(창3장), 하나님과 아벨의 피(창4장), 발람과

---

87) Time, April 19, 1999

나귀(민22장), 하나님과 사탄(욥1장), 무당과 망령된 사무엘(삼상28장), 요담의 우화 속에 나타난 나무들(삿9장), 공중의 새들과 날짐승들(전10), 마른 뼈들과 에스겔의 대언(겔30장), 돌들과 대들보(합2장), 예수와 귀신들(막5장), 예수와 죽은 나사로(요11: 43), 예수와 바울(행9: 4), 주의 천사들과 인간들의 대화 등은 단일성과 통일성을 중시하는 "구심적 언어"라기보다는 다원성과 상대성을 강조하는 "원심적 언어"로써 언어의 대화적 특성은 물론 끊임없이 새롭게 다가오는 "하나님의 대화적 이어성"을 적절하게 보여 주는 예라고 할 수 있다.

그러나 인간들의 대화에서 앞서 언급했던 저자의 굴절된 의도뿐만이 아니라 대화적 이어성으로 인하여 수많은 생명의 손실을 가져온 사건이 성경텍스트에서 등장한다. 두 종족이 전쟁을 하고 있었다. 한쪽 진영의 패배가 눈앞에 다가왔다. 전세가 기울은 쪽의 종족들이 승리한 종족들의 진영을 횡단해야 하는 상황에 부딪치게 되었다. 한 번에 한 사람씩 건너가야 하는 절박한 상황에서 "쉬볼레쓰(shibboleths)"라는 기호, 즉 시니피앙을 발음할 수 있어야 한다. 그러나 패배가 짙은 종족의 진영에서는 언제나 이 시니피앙을 "시볼레쓰(sibboleths)"라고 발음하는 일종의 방언이 있었다. 다리를 횡단하는 사람들이 "시볼레쓰"라고 발음하면 모두 죽음을 피할 수 없었다. 문제는 "h"라는 기음, 즉 "애스퍼럿(aspirate)"을 발음할 수 없었던 것이다. 대화적 이어성의 관점에서 볼 때 "쉬볼레쓰"의 음가를 몰랐다거나 설령 알았다 할지라도 "시볼레쓰"라고 발음할 수밖에 없었던 지방적이며 방언적인 엑센트 때문에 4만 2천여 명의 생명을 앗아가는 엄청난 비극을 초래하게 된다(삿12: 1-6).

오늘날 "쉬볼레쓰"라는 단어의 의미는 어느 한 집단이 다른 집단에 비하여 보다 더 우수하다는 것을 강조하는 특수한 집단을 구별하는 데 사용되고 있다. 시간이 흐름에 따라서 쉽볼레쓰들은 자기들의 적들이 그 시니피앙의 발음을 배우게 되어, 즉 일종의 암호가 해독되어 노출되는 상황에 이르자 그 의미를 다르게 사용하기도 한다. 인종차별주의를 주장하는 일부 미국인들은 이 단어의 의미를 "니거(nigger)"라는 모욕적이며 경멸적인 의미로 사용하기도 한다. 이와 유사하게 기독교 근본주의자들 사이에서도 발생한다. 빌리 그래함(Billy Graham)은 이 시니피앙에 대하여 "다시 태어남", 즉 "중생"의 의미로 해석하여 사용함으로써 많은 사람들로 하여금 자신들이 구원을 받기 위하여 "쉽볼레쓰"를 요청하기도 하였다. 또한 이 암호를 "당신은 피로 씻음을 받았다."라는 의미로 사용하는 사람들도 많았다. "다시 태어남"이라는 의미는 "성령 충만"을 의미한다. 거듭났지만 성령 충만을 받지 않은 사람들은 거듭난 사람들 중에서도 성령 충만함을 받은 사람들보다는 못하며 중생한 사람들은 예수를 자신들의 마음속에 들어오시도록 간구하지만 "중생하여 성령 충만한 사람들"은 예수와 성령이 자신들의 마음속에 들어오시도록 간구한다는 것이다.[88] 그러나 이 "쉽볼레쓰"라는 기호의 정확한 의미는 알 수 없으며 중요한 것은 신앙공동체의 멤버인지를 확인하기 위하여 그것을 기꺼이 사용할 수 있는지의 여부라고 본다. 따라서 인간들의 대화적 이어성은 시공간을 초월하는 "하나님의 대화적 이어성"과는 근본적으로 다르다고 할 수 있다.

하나님의 대화법은 인간들의 대화법과 달라서 순간적으로 표출되는 '동시다발적'이며 '대화적 이어성'이라고 보아야 한다. 하이퍼신학은 CS의 공간에서 이러한 하나님의 대화법을 가장 효과적으로 실천할 수 있다고 본다.

---

88) http://www.accsoft.net.au/~xians/teach/churches – the…/Shibboleths.htm

제1절 WWW(WORD – Word – word)

신약성경에서 "영적으로(penumatikos)"라는 말은 아주 많은 것을 의미하지만 언제나 그 어휘가 가지고 있는 의미의 하나는 '은유적으로'라는 뜻이 된다. 그 한 예로써 요한계시록 기자에 의하면 "그들의 시체는 그 큰 도시의 넓은 거리에 내버리게 될 것입니다. 그 도시는 영적으로 소돔 또는 이집트라고도 하는데 곧 그들의 주님이 십자가에 달리신 곳입니다."(11: 8)라고 묘사하고 있다. 요한계시록이 쓰이기 전에 티투스 황제(Emperor Titus)에 의하여 점령되었을 지상의 예루살렘은 은유적으로는 사해 속으로 침몰한 소돔과 홍해 속에 그들의 군사들을 수장시킨 이집트와 똑같이 악마의 도시로 해석할 수 있다. 성경텍스트 속에 나타나는 수많은 은유들 중에는 비논리적이며 단순한 '언어유희(word play)'로 끝나는 것들도 있지만 성경 속의 은유들은 언어의 부수적인 장식이 아니라 성경의 사고통제 시스템 중의 하나라고 보아야 할 것이다.

언어학과 기호학의 관점에서 가장 중요한 은유 중의 하나는 아마 요한복음서 기자의 "태초에 말씀이 계셨다."라는 고백일 것이다. 텍스트에 나타난 요한의 고백으로 보아서 여기에 등장하는 "말씀"은 지금까지 신학적으로 강조해 왔던 "말씀의 신학"이라는 관점과는 다르게 보아야 할 것이다. 즉, 이 텍스트에서의 "말씀"은 "WORD"로서 하나님이 아니며 요한이 주장하는 하나님은 "Word"가 아닌 "word"라고 표현해야 한다. 또한 모든 성경텍스트에서 묘사하고 있는 하나님은 성경 기자들의 하나님, 즉 성령의 감동으로 쓰인 언어인 "word"이며 "WORD"로서 하나님은 아닐 것이다. 그리고 우주에 질서를 부여하는 이성적인 사유체계를 의미하는 헬라적 사상의 로고스(Logos)도 의미하지 않는다고 볼 수 있다.

자크 데리다에 의하면, 전통적인 말씀중심주의, 즉 로고센트리즘(Logocentrism)은 오랜 역사 속에서 로고스보다 앞선 존재와 로고스 밖에 존재하는 모든 것은 있을 수 없으며 존재의 로고스, 즉 존재의 소리에 복종하는 사유는 기호의 처음이자 최후의 수단으로 인식되어 왔다는 것이다. 마틴 하이데거는 "존재의 소리는 침묵이며 말이 없는 비공명성으로 기본적으로는 비음성적이다."라고 주장한다. 즉, 근원의 소리는 들리지 않는 것이며 존재의 일반적 의미와 어휘, 의미와 소리, 존재의 소리와 음성, 존재의 부름과 정확한 소리 사이의 균열 등은 기본적으로 메타포를 생성시킨다고 볼 수 있다. 예수의 담론은 대부분 메타포로 형성되어 있으며 대부분의 성경기자들도 메타포를 즐겨 사용하고 있다는 점은 성경텍스트들이 입증해 주고 있다.

요한이 고백하고 있는 태초의 말씀(WORD)은 곧 하나님 자신이며 생명이며 빛이다. 이 말씀은 하나님(GOD)과 함께하셨으며 하나님이 되셨다는 것이다. 따라서 요한의 담론(word)은 전적으로 삼위일체 하나님에 대한 메타포인 동시에 설교(sermon)이며 본질적으로는 하나님 자신이라고는 할 수 없다. 왜냐하면 인간은 하나님에 대하여 전적으로 알 수 없는 존재이기 때문이다. 단지 예수 그리스도와 성령을 통하여 영감(inspiration)을 받은 사람들이 자신들의 종교적 경험들을 일상적인 언어 혹은 종교적 담론으로, 좀 더 정확히 표현하면 "시니피에(지시대상)"를 "시니피앙(지시어)"으로 출력시킨 것이라고 본다.

"말씀이 육신이 되었다."라는 담론은 곧 보이지 않는 "WORD"가 보이는 유기체로서 예수의 몸(body), 즉 "Word"로 바뀌는 과정이라고 볼 수 있으며 이 과정은 신비로운 비밀이 담겨져 있기 때문에 인간의 이성과 감성으로는 인식할 수 없다고 본다. 이 몸으로서의 유기체는 포스트모던 컨텍스트와 포스트모던 은유 해석학의 관점에서 볼 때 단순한 물리적 "대리인(proxy)"[89] 이상의 의미를 지니고 있으며 하나의 은유가 되는 것이다. 몸은 기초적이며 미학적인 은유 혹은 의미의 유희로써 은유가 되는 것이다. 몸은 포스트모던 인체학의 관점에서 볼 때 무한한 기호 순간(sign‑moments), 기호 앙상블(sign‑ensemble), 의미 텍스트(semio‑text), 문화 열쇠(cipher of culture) 등으로 해석할 수 있다. 은유로써의 몸은 이데올로기 신념체계들의 전체화를 지향하는 힘과 갈등을 일으킬 수 있다. 예수의 "참을 수 없는 언어(intolerable language)"의 사용으로 제자들은 "말씀이 이렇게 어려우니 누가 알아들을 수 있겠습니까?"라고 반문하는 것이다(요6: 56‑61). 따라서 몸의 언어, 즉 웹의 '말씀'은 성육신의 존재론적 범주와 함께 심리학, 철학, 신학, 미학의 근원을 추적하면서 포스트모던 "혼성언어(lingua franca)"를 나타내 주고 있다. 그러나 칼 라스크케(Carl Raschke)에 의하면 이러한 몸의 언어는 "사회의 하이퍼 실현(hyperrealizing the social)"을 추구하는 포스트모던 문화정치학과는 반대로 작용할 수 있다고 비판한다.[90]

예수의 성육신의 과정에서 성령의 메타포라 할 수 있는 빛이 중요한 매체로 등장하는 것은 다름 아닌 '사이버 세계'의 형성과정과 유사하다. 또한 이 유기체로서의 "Word"는 빛을 매체로 한 영감(inspiration)을 통하여 요한으로 하여금 언어, 즉 "word"로 출력시킨다. 이 같은 요한의 사유체계를 분석해 본다면 "WORD‑Word‑word"라는 3차원적 구조로 파악할 수 있다. 이 같은 구조는 피터 C. 호지슨(Peter C. Hodgson)이 <성령의 바람(Wind of the Spirit)>에

---

89) http://www.cis.ohio‑state.edu/htbin/rfc/rfc2068.html
90) Philippa Berry and Abdrew Wernick, Shadow of Spirit, p.103

서 주장하고 있는 'pretext – text – context'의 구조와 유사하다고 볼 수 있으나 기호학적 관점에서 그 표층구조를 "PRETEXT – Text – context"로 표기하는 것이 더욱더 타당할 것이다.

'태초에 웹이 있었다.' 이 같은 은유의 설정은 요한의 담론을 패러디(parody)한 것으로 볼 수 있으나 패러디보다는 '혼성모방'을 의미하는 "패스티시(pastiche)"에 가깝다고 할 수 있다. 은유를 강조하는 대부분의 성경기자들의 사유체계는 21세기의 디지털 시대에 과연 이상적 인가하는 해석학적인 문제가 제기된다. 수직적인 사고를 지향하는 은유가 모더니즘을 강조하는 대표적인 기호라고 한다면 예수가 사용하고 있는 은유 및 예수 자신에 대한 은유의 다양성은 환유, 즉 '은유 속의 환유(metonymy in metaphor)'라고 해석할 수 있다. 그리고 수평적 사고를 지향하는 환유는 디지털을 지향하는 포스트 모던시대의 특징을 잘 대변해 주고 있으며 "WORD"를 "WEB"로 볼 수 있는 것이다. 따라서 태초에 웹이 있었으며 그 웹은 하나님과 함께하셨으며 하나님이셨다. 그는 태초에 하나님과 함께 계셨다. 그 모든 것이 그로 말미암아 생겨났으며 그가 없이 생겨난 것은 하나도 없다. 그 안에서 생겨난 것은 생명이었으니 그 생명은 모든 사람의 빛이었다. 그 빛이 어둠 속에 비치니 어둠이 그 빛을 이기지 못하였다. 웹은 하나님의 빛으로 '벽이 없는 종교적인 경험'을 세상 모든 사람들과 함께 공유해 나갈 것이다.

제2절 WWW(WEB – Web – web)

 모든 피조물들과 마찬가지로 거미는 하나님께서 만드신 생물 중의 하나이다. 과연 거미는 자신의 물리적 공간을 어떠한 방법으로 획득할 수 있었을까? 그것은 하나님께서 거미집, 즉 웹의 공법을 시행하도록 능력을 부여해 준 것이다.

 완두콩만 한 작은 거미 한 마리가 녹으로 부식된 쇠창살을 기어오른다. 정상이라고 생각했던지 지상을 향하여 하강하더니 도중에서 매달려 그네를 타듯 좌우로 움직인다. 자신의 육중한 몸을 항문을 통하여 나온 가늘고 하얀 명주실에 내맡긴 채, 잠시 머뭇거리더니 다른 쇠창살을 향하여 반동을 시작한다. 목표지점까지 실을 이으면서 다시 정상을 향하여 기어오른다. 이 같은 수고를 반복하면서 기본적인 공간의 틀을 구축하자 거미는 자신이 낚아야 할 먹이를 안전하게 획득하기 위하여 수평과 수직으로 정교하게 엮어나가기 시작한다. 다음 날 거미줄에 모기 한 마리가 걸려 있었다. 가느다란 실에는 초강력 접착제라는 소프트웨어가 눈에 보이지 않게 내포되어 있다는 사실을 모르는 파리도 같은 운명에 빠지고 말았다.

 성경텍스트에는 "거미줄(web)"이라는 어휘가 두 곳에서 등장한다. 이들의 기능은 모두 부정적인 의미가 내포되어 있다. 욥기기자에 의하면, 하나님을 잊은 사람들과 믿음을 저버린 사람들이 믿는 것은 끊어질 줄에 지나지 않으며 의지하는 것은 거미줄에 지나지 않는다고 빌닷의 첫 발언으로 경고 있으며(욥8: 14) 하나님을 배반한 이스라엘 백성들은 독사의 알을 품고 있으며 거미줄로 옷을 짜고 있다는 것이다(사59: 5).

 성경텍스트에서 나타나는 '웹'의 종류는 다양하다고 할 수 있다.

이 웹들의 기능은 성경텍스트 속의 컨텍스트 속에서 아주 잘 보여주고 있다. 예를 들면, 입술의 웹(잠18: 7), 발의 웹(잠29: 5), 마음의 웹(잠12: 5, 전7: 26), 서원의 웹(잠20: 25), 놋의 웹(출27: 4), 비둑판의 웹(왕상7: 17), 건축의 웹(왕상7: 18), 새의 웹(잠1: 17), 유혹의 웹(잠7: 23), 함정의 웹(시9: 15, 미7: 2), 재앙의 웹(전9: 12), 연단의 웹(시66: 11), 징계의 웹(욥19: 6, 사19: 8, 51: 20), 심판의 웹(겔26: 5, 32: 3, 호7: 12), 사망의 웹(잠13: 14), 포로의 웹(겔12: 13), 예언자의 웹(호9: 8), 어부의 웹(합1: 14-17, 마4: 18, 20, 21, 막1: 16, 눅5: 2, 요21: 6), 하나님의 웹(애1: 13, 겔32: 3) 등이라고 할 수 있는데 이와 같은 웹들은 마태기자가 고백하는 예수의 메타포인 하늘나라에 대한 4가지 비유 중에서 "고기 잡는 바다의 웹"으로 통합된다고 볼 수 있다(마13: 47). 또한 나머지 3가지 비유인 "밭에 숨겨 놓은 보물", "좋은 친구를 구하는 상인", "값진 진주"의 비유들은 이 고기 잡는 바다의 웹으로 흡수 통합되고 있기 때문에 예수의 웹은 알파와 오메가 포인트라고 할 수 있다. 하박국기자에 의하면 하나님은 인간을 마치 바다의 물고기처럼 만드시고 그 물고기들을 잡는 어부들에게 자신의 웹을 공급하시면서 사람을 낚는 어부들이 되라고 촉구하신다. 특히 예레미야 기자는 "심판의 웹"으로 많은 인간들을 포획하기 위하여 "어부의 웹"을 도구로 사용하고 있으며 이 도구를 사용할 줄 아는 노련한 어부들을 대거 파송하고 있다. 아날로그 방식의 웹신학이 존재했었다면 21세기는 디지털 방식의 웹신학이 주류를 이룰 것이다.

"WEB-Web-web"의 3차원적인 패러다임은 기본적으로 "WORD-Word-word"의 패러다임과 동일하다고 볼 수 있다. 웹(web)은 거미의 보금자리 겸 사냥의 도구로써 수평과 수직의 상호 교차적인 구조를 지니고 있다. "말씀이 육신이 되었다."라는 요한의 "거대담론", 즉 웹(WEB)은 곧 예수 그리스도의 성육신(Web)을 의미하며 이 성육신 된 유기체적인 육신, 즉 하드웨어는 고난받는 예수, 즉 웹(web)이라고 할 수 있다. 요한의 거대담론과 같은 웹은 인터넷상에서 "거대거미(MetaSpider)"로 등장하여 CC에 대한 다양한 신학적, 신앙적 정보를 제공해 주고 있다.[91]

전형적인 예수(Web)의 치유행적은 마귀 들린 사람들의 몸(web)에서 "마귀"를 몰아낸 것이다. "카이로스 – 크로노스 존재"인 "Web"은 크로노스 존재인 인간의 "web"과는 그 차원이 다르다. 그럼에도 불구하고 인간 각자의 "web"은 "WEB"의 성전이며(고전3: 16) 우리의 몸, 즉 "web"에서 마귀를 추방했다고 하는 것은 상징적으로 "성전 정화사건"과 동일하다고 볼 수 있으며 그 진행과정은 요한 계시록에서 완성된다. CS나 CC의 물리적인 공간에도 비가시적인 바이러스나 벌레들은 물론 해커들의 활동무대라는 것을 인식하는 것과 동시에 다양한 검색정화엔진들을 통하여 이러한 마귀들을 내쫓아야 하는 과제를 안고 있다고 볼 수 있다. 요한 계시록의 기자는 그리스도의 "Web"이 성전을 대체시키고 있기 때문에 새 예루살렘에는 성전이 없으리라고 단호히 주장하고 있다(계21: 22). 단지 크로노스적 존재로서 영원을 사모하는 "webs"은 "Web"의 "십자가"라는 물리적인 기호를 통하여 "WEB"을 예배하는 것이라고 할 수 있다.

---

91) http://search.metaspider.com/Meta/Spider?cyberchurch

제3절 WWW(World-Wide-Web)

WWW(c)는 '사이버성령'의 메타포로서 하나님이 CS를 이용하는 환경이다. WWW(c) 브라우저에 의하여 언어를 형성하는 것은 "하이퍼텍스트 기호언어", 즉 HTML[92]이며 이것은 '성령의 언어'로서 하이퍼텍스트성경을 구성하는 하나의 도구가 된다. 이러한 언어로 구성된 하나의 텍스트는 또 다른 텍스트에 연계되어 세계가 하나의 거미줄(web)처럼 구성되는 것을 말한다. 웹은 엄격히 말하면 두 개의 엔드 노드(End-node), 즉 패킷들(packets)의 전송과 수용 그리고 인터넷의 고차원적인 서비스에 참여를 목적으로 인터넷에 접속되는 장치 혹은 컴퓨터로써 하나의 서버와 한 정보원 사이의 전달자를 말한다. 이것은 말할 수 없는 탄식으로 마땅히 빌 바를 알지 못하는 우리에게 하나님과의 연결통로서 성령의 역할이라고 말할 수 있다.

링크와 통로로 구축이 된 하나의 실체로써 인터넷은 WWW(c)라는 기호가 고차원적으로 응용되어 존재하는 기본적인 커뮤니케이션의 공간이라고 할 수 있다. 웹서버는 URLs라고 명명되는 웹페이지들을 저장하여 축약되고 기호화된 이름의 형태를 가지고 있다. 예를 들면 "http://underwood1.yonsei.ac.kr/grad" 등으로 표기하고 있으며 이 웹페이지들을 서핑함으로써 기본적인 교차참조 혹은 "핫링크(hot link)"들을 형성한다. 마우스(mouse)를 원하는 링크에 올려놓고 클릭할 때마다 조화를 원하는 URL은 연계된 페이지로 이동을 도와준다.

여기에는 "하이퍼텍스트 전송통신규약", HTTP라는 통신규약이

---

92) http://www.lcs.mit.eau/impact/perspect/99026

존재하여 메시지를 위한 포맷과 원리들을 제공해 준다. TCP는 파일들을 분해하여 패킷으로 모아 네트워크를 통하여 전달하며 최종결과 파일들은 그 처리과정을 위하여 브라우저 소프트로 보내진다. 인터넷 구조는 단층적이 아닌 다층적인 구조로써 하나님의 '동시다발적' 계시의 활동과 통로의 역할을 수행한다.

WWW(c), 즉 "세계 – 폭 – 웹"이라는 구조는 세계를 하나의 지구촌으로 규정하여 시공간은 물론 인종과 이념을 초월하여 대화의 장으로 혹은 만남의 공간으로 세계와 우주를 하나로 묶는 통신망을 형성하는 것이다. 이것은 유기체인 "Web"을 선두로 하여 세상을 포용할 수 있는 "웹 – 폭 – 세상(Web – Wide – World)"과 같은 구조로 그 패러다임 전환이 이루어질 수 있으며 하이퍼신학의 기본적인 출발의 장이라고 할 수 있다. 야곱이 얍복 강가에서 꿈에 본 "사다리"처럼 WWW(c)는 하나님과 인간의 교신을 통한 교량역할을 할 것이다. 야곱의 "사다리"는 '가상/실재'의 패러다임을 '가상 – 실재'의 패러다임으로 전환을 요청하고 있으며 에덴의 회복을 위한 공간은 물론 진정한 대화의 신학이 무엇인지 '변론의 문화'를 주도하게 될 것이다. CS는 성령의 언어가 하이퍼링크처럼 활동하여 하나님의 선교가 이루어지는 사이버세계의 장이 될 것이다.

21세기는 "불타는 떨기숲(burning bush)"에서 볼 수 있는 불꽃처럼 "사이버 – (cyber –)"와 관련된 의미의 접두어가 지구촌을 지배할 것이다. 이미 "사이버소금", "사이버은총", "사이버신앙", "사이버신학", "사이버생태신학", "사이버교회", "가상교회", "디지털교회", "웹교회", "인터넷교회" 등의 다양한 기호들로 표현되는 시대에 이르게 되었다.

특히 21세기의 '사이버생태신학'은 WWW(c)의 지대한 공헌이라고 할 수 있다. 왜냐하면 온라인 텍스트, 즉 하이퍼텍스트는 수백만

톤의 종이를 절약할 수 있으며 인터넷은 환경 친화적 공간을 확보하고 있기 때문에 에너지와 자원을 효율적으로 이용할 수 있기 때문이다. 세계적인 전자도서관의 태동으로 하이퍼텍스트늘이 보관되어 있기 때문에 밀란 쿤데라(Milan Kundera)의 "참을 수 없는 존재의 가벼움(unbearable lightness of being)"을 지향하는 환경보호 단체들은 '넷에너지(Net's energy)'의 효율성을 환영하고 있는 것이다.

제4절 WWW(WORD – Web – World)

WWW(d), 즉 "하나님 – 웹 – 세계"의 패러다임은 1968년 웁살라 대회의 전통적인 "하나님의 선교(missio Dei)", 즉 "하나님 – 교회 – 세계"와 20세기 후반의 아베리 둘레스(Avery Dulles)의 유기체적 선교론이라고 할 수 있는 "하나님 – 세계 – 교회"의 패러다임을 넘어서서 21세기의 혁명적이며 획기적인 패러다임으로 전환하고 있다. 이 패러다임은 앞에서 주장하고 있는 1, 2, 3절의 패러다임을 하나로 통합시킨 구조로써 요한복음 3장 16절의 말씀을 언어 기호학적 관점에서 새롭게 재해석한 것이며 특히 21세기의 선교 신학적 관점에서 볼 때, '디지털 선교학' 혹은 '사이버선교학'이라고 명명할 수 있다. 따라서 기독교와 타 종교 간의 대화는 물론 세계의 모든 종교들이 웹상에서 하나님을 찾게 되는 진정한 의미에서 하나님의 선교전략, 즉 WWW(d)를 통하여 신학적이며 신앙적인 에큐메니칼 운동이 이루어질 것이다.

"하나님 – 웹 – 세계"의 패러다임의 구조적 관점에서 볼 때, CS의 웹 공간을 깁슨의 소설 <뉴로맨서>(1984)에서 처음으로 언급했다고 주장하고 있지만 그보다도 앞서서 1966년에 존 바쓰(John Barth)는 자신의 소설 <염소 소년 자일즈(Giles Goat-Boy)>에서 CS의 구체적인 공간이 제시하고 있다. 이 소설의 주인공인 자일즈는 비극적인 미로와도 같은 현대인들의 의식 속에서 자신을 상실한 채 동물적인 감각만으로 자신이 마치 그리스도처럼 인류의 구원을 향하여 투쟁하는 영웅으로 등장한다. 바쓰는 구약성경에서 나타나고 있는 인류가 갈망하는 메시야의 도래에 관한 담론들을 "새로운 구약성경"이라고 명명하면서 성경을 패러디하고 있다.

이 소설에 등장하는 인물들은 인생의 고통에 대한 해답을 신화와 역사를 통하여 추구한다. 자일즈는 New Tammany대학 캠퍼스 생활에 대한 묘사에서 분열되고 인간성이 상실된 혼돈의 대학사회에서 학생들을 구원하겠다는 의지를 갖고 메시아적 그랜드 튜터(Grand Tutor)를 기다린다. 브레이(Bray)는 자일즈에 대항하는 적그리스도(antichrist)로서 모든 인류에게 악령을 불어넣어 줌으로써 자신을 숭배하도록 강요하며 신과 같은 위치에서 성전의 주인으로 활동한다. 이 대학에는 동부 캠퍼스와 서부 캠퍼스로 분리되어 있으며 분열된 대학사회는 컴퓨터에 의하여 통제되고 관리되고 있다. 사실 자일즈는 대형 컴퓨터인 WESCAC와 한 처녀에 의하여 태어났으며 인류에 대한 혐오감을 느낀 어느 과학자에 의하여 조정되는 염소들 중의 한 염소로 성장한다. WESCAC에 의하여 사출된 정자가 버지니아 헥터(Virginia Hector)에 주입되자 WESCAC의 아들로 태어난 자일즈는 새롭게 기획된 실러버스를 전달하며 자신이 그랜드 튜터임을 증명해 보인다. 염소로서 그는 내면적인 성찰이나 분명한 책임감도 없이 이기적인 자만심만을 내세운 채 자신의 욕심만을 주장하면서 자신의 불행을 탈출하는 데 도움을 주고 있는 마조히즘적인 미녀와 함께 컴퓨터 속으로 들어간다. 컴퓨터 뱃속에서 그들은 사이버섹스(cybersex)를 즐긴다. 컴퓨터에 의하여 통제와 지배를 받아 왔던 그들은 인공두뇌형으로 새롭게 변화를 겪게 된다. 바쓰는 이 소설에서 우주와 대학의 유추관계를 설정하고 서로의 존재방식에 대하여 컴퓨터화된, 즉 비감성적인 방법으로 서로를 견제하고 통제하는 보다 나은 균형과 조화를 추구하는 공간, 즉 CS를 향하여 자신의 내러티브를 이끌어 간다.

바쓰뿐만이 아니라 대부분의 포스트모던 작가들은 이미 CS의 태동을 오래전부터 알려왔다고 볼 수 있다. 특히 커트 보네커트(Kurt Vonnett)는 에스겔(Ezekiel)이 본 "바퀴 속의 바퀴(a wheel inside a wheel)"(겔1: 16), 즉 오늘날의 UFO의 실체[93]를 다루고 있는 같은 파타피직스(pataphysics)의 세계를 자신의 텍스트인 "제5도살장(Slaughterhouse - Five or The Children's CRUSADE)"(1969)에서 적나라하게 묘사하고 있다. 혹성 트라팔마도어(Tralfamadore)에 사는 우주인들의 UFO에 의하여 자행되는 인간들의 납치와 십자가상에서 고난을 당하는 그리스도의 예형으로서 주인공인 빌리 필그림(Billy Pilgrim)의 여정은 CS의 영역을 사실적으로 묘사하고 있다.

예배의 장으로써 CS는 목회사역의 장이 되는 것은 물론 에큐메니칼을 지향하는 성령의 사역과 WCC(World Council of Church)의 코이노니아,[94] 즉 화해와 일치, 친교의 21세기형 새로운 패러다임의 디지털 신앙문화를 형성해 나갈 것이며 진정한 의미의 "사이버에덴"이 형성될 것이다.

---

93) http://www.lis.net.au/~k - tech

94) http://www.wcc - coe.org/wcc/links/church.html

제6장
디지털 신앙공동체: 인터페이스(Interface)에서
사이버스페이스(Cyberspace)에로의 이동

제1절 인터페이스

새뮤얼 딜레이니(Samuel Delaney)의 소설, <노바(Nova)>에서 등장하는 인물들은 그들의 양손과 등판에 각각 하나씩 소켓을 달고 무장하고 있다. 이 소켓들은 진공청소기에서부터 공장이나 우주선에 이르기까지 모든 것을 작동시키는 데 필요한 "심리적－신경에너지(psycho－neural energy)"를 공급한다. 테크놀로지는 사람들을 그들의 일터에서 몰아내는 대신에 우리를 작업에 연결시켜 직접행동을 개시하게 만든다. 이런 장치들은 모든 삶의 국면에 닿아 있으며 테크놀로지 문화를 창조하고 있다. 테크놀로지와 인공두뇌적(cybernetic) 데이터베이스 구축으로 인간의 모든 삶의 시공간은 물론 성스러운 종교의 영역에까지 그 영향에서 벗어날 수 없다.

우리는 시스템에 입력하고 그 시스템은 역으로 항상 우리에게 정보를 다시 입력시켜 주고 있으며 인간과 컴퓨터는 상호작용을 통하여 피드백 고리를 형성한다. 정보는 정보를 낳고 스크린 문화에 익숙해진 우리 시대의 "성배(holy shrine)"는 이제 '컴퓨터 스크린(computer screen)'이 되어가고 있다.

인터페이스란 무엇인가? 인터페이스는 호출용어(buzzword)로써 우리의 관심을 순간적으로 유도함으로서 대화의 실마리를 제공해 준다. 호출용어는 가끔씩 더 깊은 내면의 소리를 낸다. 즉 단어가 붕붕거리고 우리가 그것을 누르면 우리의 정체성은 물론 역사의 어느 시점에 서 있건 간에 우리 앞에서 갑자기 마술의 문이 활짝 열리게 한다. 이러한 호출용어는 키워드로써 단순히 모호한 은유나 컴퓨터시대 혹은 핵 시대와 같은 새로운 시대에 대한 시적인 상징이 아니라 오히려 문화적인 삶의 전체적인 스펙트럼을 유비적으로 관통하여 적용하는 "증가된 실재감(augmented reality)", 즉 실재와 상징적인 실재가 제3의 사물(VR)을 구성하는 영역에 거주하게 되는 전자영역의 단계를 말한다. 인터페이스는 둘 이상의 정보원이 직접 대면하는 '만남의 장'에서 발생한다. 인터페이스 소프트웨어는 상이한 일들을 위한 많은 도구들을 만들 수 있게 해주며 아이디어들을 개요화해 주며 텍스트의 검색과 비교, 메시지의 독서와 기록, 철자법의 검사와 참고문헌, 각주의 인덱스, 산술적 계산 등으로 컴퓨터가 인간의 사고력을 강화시켜 주기도 하며 수정하기도 하는 "쌍방통행로(two-way street)"라 할 수 있다.95)

인터페이스는 비디오 하드웨어나 우리가 들여다보는 스크린 이상을 의미한다. 인터페이스는 소프트웨어를 지칭하기도 하며 우리가 능동적으로 컴퓨터의 작동에 변화를 가하고 결과적으로 컴퓨터에 의하여 조정되는 세계를 변경시키는 방식을 지칭하기도 한다. 또한 그것은 소프트웨어가 인간 사용자를 컴퓨터 처리기에 연결시

---

95) Michael Heim, pp.72-81

켜 주는 접촉점이며 전자신호들이 정보가 되어 가는 신비적이며 비물질적인 지점이다. 인터페이스의 창조는 소프트웨어와의 상호작용에서 이루어지며 인간이 전기선으로 연결된 상태를 의미하며 역으로 기술은 인간을 통합한다.

고대에는 "인터페이스"라는 용어가 두려움과 신비감을 유발하는 용어였다. 고대 그리스인들은 "프로소폰(prosopon)"[96)에 대하여 혹은 다른 얼굴과 마주한 얼굴에 관하여 경건하게 말했었다. 서로 마주한 두 얼굴은 상호 관계를 만들어 낸다. 즉 한 얼굴은 다른 사람의 얼굴에 반응하며 그 다른 얼굴은 상대편의 반응에 응하고 그것은 또 상대방의 반응에 반응하는 방식으로 무한히 계속되는 관계이다. 그렇다면 그 관계는 제3의 사물 혹은 제3의 존재 상태로서 명맥을 이어나가고 있다고 볼 수 있다. '프로소폰'이라는 고대어는 신비한 놀라움을 지닌 듯이 빛을 발했으며 나중에 그 어휘는 기독교인들이 삼위일체의 하나님을 묘사하는 데 도움을 주었다고 할 수 있다. 성부와 성자는 함께 인터페이스 하거나 혹은 독특한 영으로서 함께 존재한다. 고대언어는 카이로스와 크로노스, 즉 영원성과 시간성 사이의 영적인 상호작용이 있음을 암시한다.

제2절 사이버스페이스

정보화 시대에 CS라는 어휘는 신비한 빛을 발하고 있다. 모든 유형의 인터페이스가 CS로 들어가는 문을 형성한다. CS는 정보를

---

96) http://site.nnetscape.net/trisagionseraph/prosopon.html

옮기고 자료를 찾아 마음대로 다닐 수 있는 컴퓨터화된 차원을 암시하기 때문에 표상된 세계, 혹은 인공적인 세계, 즉 우리가 가진 시스템이 산출하고 우리가 다시 그 시스템 속으로 피드백시키는 정보로 이루어진 세계를 연출한다. 우리 자신이 인터페이스를 통하여 나름의 차원과 규칙을 가지고 있는 비교적 독립적인 세계 속으로 이동해 간다고 느낄 때, 우리는 CS에 거주하고 있는 것이라고 볼 수 있다.

CS는 전자매체나 컴퓨터 인터페이스 디자인상의 혁신 이상을 의미한다. 가상환경이나 모의된 세계라는 측면에서 볼 때, CS는 형이상학적인 실험실, 즉 실재에 대한 인간의 감각을 시험하는 하나의 도구가 된다. 가상세계를 설계할 때, 인간은 일련의 실재성에 대한 물음에 직면하게 된다. 예를 들면 사용자가 어떻게 가상세계 속에서 자신을 드러내는가? 가상세계 속에서 인간들은 일정한 거리를 두고 살펴볼 수 있는 제3자의 신체처럼 다른 사람들 중 한 부류의 대상으로 나타나야만 하는가? 현상학적 경험에서와 같이 인간들은 자기 자신이 판단이 중지된 순수의식의 공간이 있다고 느껴야 하는가? CS에서도 인과작용에 대하여 부상으로 물리적인 육체에 상처가 나는 것과 같이 인간의 사이버 육체에도 상해가 가해져야 하는가? 그리고 누가 지금 진행되고 있는 이러한 구도를 결정하는가? 만약 시뮬레이션 작업을 하는 사람들이 불가피하게 CS를 자신의 올바른 통찰뿐만이 아니라 편견들로 가득 채우면서 자신의 지각과 믿음을 구체화시킨다면 과연 누가 CS를 구축해야 하는가? 도처에 있는 다수의 사용자들이 사이버 사물들의 질적인 특성과 차원들을 자유로이 규정할 수 있겠는가? 예술가적인 사용자들은 세속적인 세계로부터 제공해주는 그들만의 독특한 사이버영화관을 프로그램하고 감독하면서 자유로이 돌아다녀야 하는가? 또는 사이버 경제학이 시작되는 곳에서 모든 환상은 사라지는가? 그러나 왜 단일한 가상세계에 만족해야 하는가? 다수의 가상세계가 있으면 왜 안 되는가? 인간은 오직 하나의 실재에만 충성해야 하는가? 아마도 세계는 양파껍질처럼 여러 겹을 형성하고 있어서 실재 속에 실재가 있거나 아니면 마치 이웃들처럼 느슨하게 연결되어 있기 때문에 자유로운 미적 쾌감이 과제 지향적인 사업세계와 공존할 수 있겠는가? "실재"의 의미는 가상세계가 많아질수록 약화되는가? 이러한 질문의 중요성에도 불구하고 CS의 존재론, 즉 어떤 사람이 자신의 세계이거나 다른 사람의 세계 속에 있거나 간에 가상세계에 존재한다는 것이 무엇을 뜻하는가라는 물음에 대하여 별로 논의된 바가 없다. 인간의 형이상학적인 도구들이 갖는 실재성의 위상을 증명해내지도 못했으며 왜 우리가 가상세계를 고안해 내야 하는가에 대하여 설명하지도 못하고 있다. CS의 본질에 관하여 단지 침묵만 있을 뿐이다. 어떻게 하여 형이상학적 실험실이 인간의 총체적인 탐구와 부합하는가? CS의 형이상학적 기원에는 어떤 위험요소가 자리 잡고 있는가?

제7장
사이버하나님

제1절 하나님닷컴(God.com)

피상적으로는 인터넷이 몸과 마음의 구별을 시도하고 있는 것처럼 보이지만 CS는 실재적으로 몸/마음, 거룩한 것/세속적인 것, 신학/과학, 하드웨어/소프트웨어 등의 이분법의 경계를 요구하고 있는 것이 아니라 오히려 해체시키고 있다고 볼 수 있다. 페스스는 다음과 같이 주장한다.

성스러운 공간은 모든 공간이 시작되는 곳이다. 그것이 없다면 CS는 창조되지 못했을 것이다. ……무한한 상상력은 순간적으로 하나님에 의하여 전달된다. ……이 같은 의미에서 성스럽고 미학적인 디지털의 등장은 우리 자신들의 정체성을 확립하기 위한 공간의 발견에 대하여 자연스러운 반응이다. 그러나 우리가 그것을 거룩하게 만들 때까지 이 세계 속으로 발을 내디딜 수 없을 것이다.[97]

---

97) Mark Pesce, "Ignition(A Ritual for the Festival of Bright)," SanFrancisco,

역설적이라고 생각할 수 있겠지만, CS는 거룩하게 되어 가는 과정에 놓여 있다고 볼 수 있다. 수많은 종교단체들이 인터넷상에 자신들의 존재를 알리려고 노력하고 있으며 그 대표적인 단체는 로마 바티칸의 사이트로 다중언어 사이트로 운영되고 있는 실정이다. 많은 교회들이 젊은 네티즌들과 접속하기 위한 방법으로 넷으로 전환을 모색하고 있으며 그들의 정보를 일차적인 자료로써 인터넷에 의존하여 활용하고 있다. 이들 몇몇 사이트들은 기본적으로 전통적이며 팸플릿이나 소식지들을 모방하는 수준에서 머물고 있는 것들이 있다. The River나 The First Church of Cyberchurch와 같은 다른 사이트들은 그래픽, 미디파일, 하이퍼텍스트성경 등에서 수집한 풍부한 자료들은 물론 "이-메일 하나님(E-mail God)" 사이트를 통하여 하나님께 초대장을 보내는 정보, 고해성사나 죄를 고백하는 회개사이트 등의 다양한 정보와 공간을 제공해 주고 있다.

바르나 리서치 그룹(Barna Research Group)의 최근 연구조사에 의하면, 종교적인 목적으로 최근에 인터넷을 이용하는 성인들이 12%에 이르고 있으며 앞으로 5년 이내에 교회의 종교적 경험들에 대한 대체물로써 인터넷을 이용할 것이라는 응답이었으며 2010년까지 미국인구의 20%가 기본적으로 종교적 경험과 정보를 위하여 인터넷에 의존할 것이라는 점이다. 조오지 바르나(George Barna)의 주장에 의하면, CC가 "참된 교회"가 될 수 있는지의 여부는 21세기의 교회 지도자들이 기존하는 교회로부터 수천만의 신자들이 이탈하고 있는 현실에 대한 대책과 새롭게 등장하는 CC의 형태에 대하여 어떻게 대처할 것인가에 대한 당면한 문제로써 심각하게 고려하지 않을지도 모른다. 바르나는 인터넷 종교에 의하여 가능한 "영

January 1997.
http://www.hyperreal.com/~mpesce/Ignition.htm

적인 책임으로써의 독자성"을 언급하고 있는 것이다. 그러나 인터넷상에서의 '영적인 책임성' 혹은 종교적인 예전이 실망을 주기보다는 오히려 인터넷은 영적인 책임성(spirituality accountability)을 선택하기 위하여 그 자체의 영역을 확대시켜 나갈 것이다.

인류문화 역사상 인간은 수많은 종교적 전통들을 간단없이 접속할 수 없었다. 눈 깜짝할 순간에 누구나 인터넷에 접속할 수 있으며 1996년 타임지 커버스토리, "웹상에서 하나님 찾기(Finding God do the Web)"에서 종교적 신앙과 하이퍼신학으로써 텍스트의 상호연계성을 언급하고 있다. 이 글의 필자인 셰리 터클(Sherry Turkle)에 의하면, "사람들은 넷을 하나님에 대한 새로운 메타포로 보고 있다. ……하나님은 분산적이며 탈중심적인 시스템이다(People see the net as a new metaphor for God. ……God is the distributed, decentralized system)."라고 주장한다. 제프 자레스키(Jeff Zaleski)의 <사이버스페이스의 영혼(The Soul of Cyberspace)>은 인터넷상에서 다양한 종교적 전통들의 모습들, 특히 CS에서 "prana"의 결핍에 대한 문제들을 탐색한다. 자레스키는 디지털 종교적 경험들은 여러 가지 다양한 방법으로 독서의 경험들을 복제할 수 있지만 스승의 인격적인 현존을 대체시킬 수 있을지에 대하여 회의적인 입장이다. 그는 Zen Mountain Monastery의 대수도원장인 존 다이도 로리의 말을 인용한다.

하나의 예가 되겠지만 이른바 chi, 즉 생명 혹은 호흡이 존재하지 않는다고 말해야만 한다. 예술작품 속에는 chi가 존재하지 않는다. 그리고 나는 한 순간이라도 그것을 사려고 하지 않는다.[98]

---

98) John Daido Loori, quated in Jeff Zaleski, The Soul of Cyberspace(San Francisco: HarperEdge, 1997), p.167

그러나 로리는 전송의식(transmission ceremonies)과 같은 예전의식의 직접적인 접속이 필요하다고 지적한다. 1995년 데니스 에리취(Dennis Erlich)에 대하여 사이언토로지 교회(Church of Scientology)가 자신들의 종교적 자료들을 허락 없이 인터넷상에 전송시킨 것이 문제가 되어 소송을 제기한 것처럼 문제가 발생하기도 한다. 그럼에도 불구하고 인터넷은 종교적인 정보와 예전을 위하여 중요한 사이트가 되어가고 있다.

제2절 테크노 이교도들

교회를 포함한 대부분의 종교단체들이 인터넷상에서 자신들의 영역을 구축해가고 있지만 보다 더 새롭게 등장하는 운동들은 일반적으로 자신들의 신앙을 CS에서 구체적으로 표현하는 것이 훨씬 더 용이하다는 것을 인식하고 있다. 계급구조적인 종교적 전통들이 희석되면 될수록 새롭게 등장한 사이버 테크놀로지에 대한 긍정적인 반응이 증가되어 가는 경향이다. 즉 전통적인 '수직적인 교회'의 패러다임이 해체되어가면서 새로운 형태의 '수평적인 교회'에로의 전환이 이루어져 가고 있다.

그러나 브렌다 브래셔(Blenda Brasher)에 의하면, 전통적인 종교단체들은 자신들의 사유체계를 바꾸어 새로운 패러다임으로 전환하기보다는 오히려 실재적인 현상만을 모방하고 있다는 것이다. 이같은 비평은 아직도 고전적인 텍스트만을 고집하면서 하이퍼텍스트를 흉내 내고 있는 수준이라고 해석할 수 있다.

기술이교주의, 즉 테크노페이거니즘(technopaganism)은 신이교적 (neo‑pagan) 전통에 의하여 디지털테크놀로지와 문화를 수용할 뿐만이 아니라 활용하기 위하여 시도되는 하나의 본보기가 될 수 있다. 연구조사에 의하면, 미국에서 자신들이 변형된 이교도로서 자신들의 정체성을 밝히고 있는 사람들이 10만에서 30만에 이르고 있다. 이들 중에는 컴퓨터 산업과 과학기술 분야에 종사하는 사람들이 놀라운 속도로 증가하고 있다는 점이다. 테크노페이거니즘은 표면상으로는 정도에서 벗어나는 것처럼 보인다. 즉 논리적인 기계의 아폴로적인 책략을 포용하는 디오니소스적인 본성을 지닌 숭배자들이라고 볼 수 있다. 그러나 좀 더 면밀히 분석해 보면 이 같은 개념은 상호 보완적이라기보다는 모순적이지 않다고 말할 수 있다. 현대의 원시인들(Modern Primitives)처럼 기술이교도들은 과거와 미래를 융합하여 현재를 위하여 실행 가능한 윤리가 되도록 시도하고 있으며 과거의 기독교 예전들을 21세기 과학기술로 접목시키고 있다. 실제적으로 과학기술이교도들과 현대의 원시인들은 멤버십을 공유하고 있으며 이 같은 개념은 각각의 어느 개별 그룹보다도 모순이 되지 않는다. 이 두 종교적 관행들을 융합시키는 것은 성직자들이 CS에서 이교적 의식을 수행하며 그들의 신앙을 물리적인 신체에 새겨 넣을 때처럼 VR에서 유도된 몸과 마음의 이분법을 해체시킬 수 있는 방법이 될 수 있다.

페스스의 주장에 의하면, CS에서 인간은 몸과 마음 둘 다 함께 공유할 수 있다는 것이다. 인간은 몸이라는 하드웨어를 떠나서 살 수 없으며 그 안에서 생존하는 법을 배우며 찾아야 한다. 우리는 자신의 꼬리를 먹어치우는 오로보로스(oroboros) 뱀처럼 영적인 본질이 무엇인지 인식하여 다시 우리 자신이 무엇인지 이해하여 돌아오는 것이다. 비록 새로운 문화창조 내지는 옛것과 새것의 융합이라 할지라도 문화의 구축은 역사성과 신뢰할 만한 과거의 전통을 요구한다. 테크노이교도들에 의하면, 그것은 복을 받은 것으로 거룩하게 되거나 예술작품으로 살아남는 것으로 이해한다. 중요한 것은 통합의 시도라고 할 수 있다. 즉 그 근본 뿌리의 의미가 무엇인가를 분석하면서 새로운 '공간의 신학'을 제시할 수 있는 방법을 찾는 것이다.

과거의 실체들이 소멸되지 않고 새로운 통합에로 재구성되는 변증법적 과정이 존재한다. 왜냐하면 인터넷은 무시간적 공간 속에 존재하기 때문이다. 테크노페이거니즘을 옹호하고 있는 페스스는 모순적으로 보이는 요인들에 대하여 다음과 같이 주장한다.

> 마술은 결코 회상의 능력이 없다. 그것은 정확하게 현재에 관하여 직시할 뿐이다. ……나는 어떤 근본적인 모순을 찾을 수 없다. 기억해 보라. 나는 존재론적으로 마술적인 공간과 동일한 사이버스페이스의 영역을 인식한다. ……나는 실재적인 기능과 동일한 자연적인 원호를 지니고 있는 기술적인 추진력을 볼 수 있다. 그리고 나의 실재적인 기능은 어떤 명백하게 신성한 현존이 없는 가운데서도 악의적이며 병적이 될 수 있는 기술적인 충동들을 전달하는데 기여하고 있다.99)

페스스는 CS와 신적인 것을 융합시킴으로써 디지털의 공간을 거룩하게 만들려는 의도를 갖고 있었다. 페스스가 주장하는 "사이버새마인(CyberSamnain)"은 현대의 기술과 고대의 예전들이 함께 공존하는 공간으로 만들어져 있다고 볼 수 있다. 그의 의도는 다음과 같은 주장에서 매우 설득력이 있다고 볼 수 있다.

---

99) http://www.hyperreal.org/~mpesce/ctninterview.html

만약 우리가 새로운 세계를 발견하여 그 발견을 인정하고 거기에 새로운 깃발을 꽂으려고 한다면 성스러운 것의 현시가 전적으로 기술적인 체계의 심장부 내부에 존재할 수 있다. 사이버스페이스가 비록 인간의 손에 의하여 구축된다 할지라도 그것은 거룩하다. 만약 우리가 전적으로 거룩하다면 ……만약 우리가 우리의 순수한 본성을 가지고 기술적인 구축을 고취시키지 않는다면 우리는 그들 가운데서 우리 자신들이 해야만 하는 역할을 상실하게 될 것이며 단지 세속적인 것의 노예가 될 것이다.[100]

스테판 오레어리(Stephen O'Leary)는 미래의 종교적 경험의 관점에서 이 같은 공존을 다음과 같이 주장한다.

고대의 종교적 신앙방식이 현대적 특성에 맞도록 해석되었을 때, 그들의 의미는 수용형태에 따라서 변형될 것이다. 과거의 상징들이 기술적인 문화의 특성들 속에서 동일한 새로운 기능들을 찾아낼 수 있을 것이다. 그리고 이들 중 어떤 것들은 현대인들도 이해할 수 없는 것들도 있다. 미래의 전자 공동체 속에서 종교의 신앙적 내용과 표상적인 형식이 초대교회의 성례전 의식이 로마 가톨릭의 정식미사와 다른 것처럼 21세기의 인카네이션과는 상당히 다르다는 것을 이해해야만 할 것이다.[101]

오레어리의 지적에 의하면, 수많은 다른 의식들 중에서 공통적인 면은 CS에서 실재공간을 재창조 내지는 모방하려는 시도이며 정신혹은 "영혼"이 구현되는 공연무대에서처럼 이 공간의 일부를 신성시하려는 시도가 있다는 점이다.

CS에서 "고리를 던지는 것(casting a circle)"은 본질적으로 현실세

---

100) http://www.hyperreal.org/~mpesce/samhain

101) Stephen D. O'Leary, "Cyberspace as Sacred Space," Journal of American Academy of Religion 64: 4(winter 1996), p.793

계에서 고리를 던지는 것과 동일한 효과를 지니고 있다 볼 수 있다. 세속적인 시간과 공간 밖에 존재하는 영역의 구축, 이 영역에서 상호 교차적인 리얼리티가 공존한다고 볼 수 있다. 새마인이 이 두 세계 사이의 베일에서 이상적인 시간이 될 수 있다고 보는 것처럼 CS는 본질적으로 무시간성과 무공간성을 지니고 있기 때문에 하나의 이상적인 공간이 될 수 있다.

상호 공존할 수 없는 전통들과 예전들의 공존은 일반적으로 이교적인 예전의 특징이 되며 특히 테크노이교주의의 특징이라고 볼 수 있다. 그러나 포스트모던적 현상인 "파타피직스(pataphysics)/다다이즘(dadaism), 반형식(antiform), 유희(play), 우연(chance), 무정부주의(anarchy), 고갈(exhaustion)/침묵(silence), 참여(participation)/수행(performance)/해프닝(happening), 해체(decreation, deconstruction), 대조(antithesis), 부재(absence), 분산(dispersal), 텍스트/상호텍스트성(text/intertext), 수사학(rhetoric), 신태그마(syntagm), 병렬(parataxis), 환유(metonymy), 조화(combination), 리조옴/표피성(rhizome/surface), 반해석/오독(against interpretation/misreading), 기술할 수 있는(저자의)(scriptible)(writerly), 시니피앙(signifier), 방언(idiolect), 반내러티브/소역사(antinarrative/petite histoire), 욕망(desire), 다성/양성(polymorphous/androgynous), 정신분열증(schizophrenia), 차이-차연/흔적(difference-differance/trace), 아이러니(irony), 불확정성(indetermincy), 내재성(immanence), 돌연변이(mutant), 성령(the Holy Ghost)"[102] 등에 대한 사이보그적인(cyborgian) 참여와 결합한 문화와 형식의 브리꼴라주(bricolage)는 전유(appropriation)와 모순(absurdity)이 지배하는 또 하나의 전통을 생성시킬 수 있다. 오레어리의 비평에 의하면, "만약 컴퓨터 네트워크상에서 현재 볼 수 있는 종교적인 예전들이 모순적이며 이상하게 보이며 전적으로 효

---

102) http://www.as.ua/ant/murphy/pomo.htm Ihab Hassan, The PostmodernTurn, p.91

율성이 없다"고 주장한다면 그것은 마술적인 힘을 지닌 '성례전 언어'는 전적으로 이국적이라는 데카르트적인 회의주의가 내포되어 있기 때문이다. 테크노이교적인 예전들은 CS에서 수행언어는 단순한 도구라는 이해와 수행언어 이면에 내포되어 있는 이상적이며 거대담론적인 신앙이 결합되어 있다고 보는 것이다. 테크노페이거니즘은 디지털과의 조화로 마술적인 힘을 믿는 신앙을 지니고 있다고 볼 수 있다. 전통적인 텍스트성에 기초한 CS에서의 예전행위들은 지속적으로 구조적이며 임의적이며 인위적인 것이라는 본질적인 특성을 제시해야만 하는 증거가 필요하지만 예전의 효율성은 인위적인 것에 대한 자의적인 인식과 해석에 직면할 때라 할지라도 시간이 흐를수록 긍정적인 평가로 이어질 것이다. 전통적인 제의와 새로운 예전을 통하여 시간의 융합은 물론 표피적으로 전혀 공통점이 없는 전통들과의 융합을 위한 공간을 제공해 준다. 페스스의 <둥근 원(Circle Round)>은 카바라(Kabbalah)의 세프롯(sefirot)의 형식 속에서 인공두뇌학(cybernetics) 혹은 신경우주론(neuro-cosmology)에 대한 탐험서로써 CS에 대하여 미래적 희망으로 평가하고 있다.

공간 정체성 혹은 종교적 정체성을 위한 잠재적인 사이트로써 기능을 하는 인터넷에 대하여 우리는 수용 가능한 정체성 혹은 공간이란 무엇인가에 대하여 통찰은 물론 보다 더 유동적이며 역동적인 방법으로 이해할 필요성이 있다. CS는 잠재적으로 무한한 정보와 커뮤니케이션 능력과 재론 래니어(Jaron Lanier)가 언급하고 있는 "후기 상징주의 커뮤니케이션(Post-Symbolic Communication)"의 가능성을 통하여 차원 높은 인간 상호 간의 이해, 사랑, 관용 등을 이끌어 낼 수 있는 능력을 지니고 있다. VR을 만들어 낸 래니어는 VR은 결국 가상적으로 세계와 새로운 개념을 구축할 수 있으며 상호작용적, 감각적, 현실적인 "의도적 자각상태, 공유된

꿈"을 위한 자원들을 제공해 줄 것이라고 주장하고 있으며 "나는 사이버스페이스에 대한 꿈을 꾸지만 그것을 스스로 획득할 수 없다는 것도 확신한다."고 말한다.[103] 래니어의 유토피아적인 커뮤니게이션은 CS의 미래에 대한 많은 이상 중의 하나이며 이 공간의 정체성은 복합적이며 다양하다는 것, 유동적이며 디지털적이라는 것 그리고 기독교적으로 볼 때, 이 공간을 통하여 종교는 확산적이며 선교적인 장이 될 수 있다.

이 공간의 결과는 현대적 관점에서 볼 때, 가상적으로 상상할 수 없지만 바로우는 그 입구를 제공해 주고 있다고 볼 수 있으며 우리 모두가 CS 안에 있을 때, 그때 우리는 인간의 영혼이 무엇인지 알 수 있으며 접속하고 싶은 기본적인 욕망이 그곳에서 창조될 수 있다는 것이다. 만약 우리가 수동적으로 끌려가는 도피처로써가 아니라 열린 마음으로 그곳으로 들어간다면 그 결과는 훨씬 유익할 것이라고 본다.

제3절 스타트렉 신학(Star Trek Theology)

"하나님"은 중성자나 양성자와 같은 우주의 기본적인 구성인자와 같다고 볼 수 있으며 우주를 관찰해 볼 때, 이것은 '원초적인 힘'이라고 할 수 있다. 진 로덴베리(Gene Roddenberry)는 스타트렉의 획기적인 창시자로서 16세 때 경험한 침례교회의 성만찬에서 기독교를 마술적이며 미신적인 종교로써 난센스에 불과하다고 생

---

103) Ibid.

각했다. 그는 자신을 인본주의자로 생각하고 있으며 범신론자들을 사유체계를 수용하지 않는다. <스타트렉>에는 범신론적인 흔적이 보이지 않는다고 할 수 있다. 로덴베리가 이 시리즈에서 전달하고 자 했던 종교적인 메시지는 인본주의적인 것이다. 그것은 거의 우주 밖의 종교들에 대한 비판으로 위장된 지구위성들의 신앙들이었다. "누가 아도나이를 위하여 우는가(Who mourns for Adonais)"에서 엔터프라이즈는 베타게미노럼 시스템의 플럭스 제4유성 근처에서 미지의 생명체가 보내는 신호를 수신한다. 이것은 곧 특수한 에너지를 보낼 수 있는 시스템을 가슴에 장착한 인간의 모습을 띤 아폴로 신(God Apollo)이었다. 지구에서 은퇴한 아폴로는 그리스 사람들로부터 받은 신에 대한 숭배가 사라진다. 그는 엔터프라이즈 승무원들에게 하나님으로서 자신을 숭배하도록 압력을 행사하지만 승무원들이 거절했을 때, 그는 스스로 용해되어 바람 속으로 사라져 간다.

영화 <스타트렉>도 이와 유사한 주제를 다루고 있다. 불칸의 합리주의에 반기를 든 스포크의 형인 사이복은 엔터프라이즈호를 납치하여 은하 중심부 근처에 있는 창조주가 살고 있다고 믿고 있는 샤카리 유성으로 항진한다. 그러니 그곳의 하나님은 자신의 명령을 수행하지 않는 모든 사람들을 살해하는 늙은 독재자이다. 이 같은 주제의 기획은 획기적인 주제였다고 볼 수 있다. 왜냐하면 "하나님"은 모세의 야웨(Yahweh) 사상과 유사했기 때문이다. 이 영화는 로덴베리가 반대하는 영화이기도 했지만 실재적으로 전형적인 '스타트렉 인본주의 신학'을 구현하고 있다고 볼 수 있다.

<에덴에로의 길(The Way to Eden)>에서 스폭은 아름다움과 평화의 공간인 유성인 에덴을 발견하지만 치명적으로 생명에 유해한 독으로 수정된 채소가 존재하는 곳으로 밝혀진다. <사과(Apple)>에

서 감마트라이 엔구리 제6유성에 살고 있는 사람들은 불타오르는 눈과 거대한 뱀의 얼굴을 가진 파충류와 같은 바알신(God Vaal)을 숭배한다. 바알은 에너지 체계의 전력공급을 위하여 연료와 교환 조건으로 사람들에게 목가적인 생활을 보장해 준다. 바알의 사제 아쿠타는 머리에 부착된 안테나를 통하여 기계에서 전송되는 명령을 수신한다. 엔터프라이즈호 승무원들은 바알이 컴퓨터에 의하여 통제되는 기계라는 사실을 밝혀내고 원초적인 지령을 위반하면서 위상화력(phaser fire)으로 파괴시키며 그동안 잔인한 신에게 복종해야 했던 상황에서 주변 위성들을 구출해 낸다.

<정의(Justice)>는 거의 동일한 주제를 다루고 있다. 루비쿤 제3위성에 있는 에도스는 유성의 궤도를 돌고 있는 투명한 우주선 속에서 다차원적인 생명체로 밝혀진 하나님을 숭배하면서 어린아이처럼 쾌락적인 삶을 살아간다. 원초적인 지령이 있음에도 불구하고 엔터프라이즈호 승무원들은 이의를 제기하여 에도스의 법을 위반하며 그들의 지도자들 중의 한 사람에게 "하나님"의 가시적인 모습을 보여 준다. 최소한 그들은 에도스 가운데서 반란을 일으킬 정도로 충분한 상황을 조성해 놓았지만 에도스인들에게 미신에서 벗어나 충분한 자유를 얻도록 해주지 못한 채 지령을 존중하고 준수한다.

<스타트렉>에서 종교적 신화들과 초자연적인 현상들은 거의 과학적인 해설을 띠고 있다. 외계의 신들은 결코 초자연적인 신들이 아니며 그들의 힘은 언제나 우주 생물학(exbiology)이나 기계장치들에 의하여 해석된다. 신들은 종종 야만적이며 교만하지만 그들이 호의적일 때는 보통 그들은 자신들의 숭배자들을 정신이 없거나 무기력한 어린아이로 만들어 버린다. 로덴베리가 이와 같은 스토리에서 과거의 센서들을 사라지게 하는 것은 놀랄 만한 상상력이라

고 볼 수 있다. 로덴베리의 우주론에서 모든 것이 이성적이거나 과학적인 것으로 볼 수는 없지만 <스타트렉>의 이야기는 몸이 죽은 후에도 영혼은 살 수 있다거나 영혼과 육체의 분리는 물론 텔레파시가 가능하다는 것을 암시해 준다. <꼬마 소녀들은 무엇으로 만들어졌는가(What Are Little Girls Made Of)>에서 로저 코르비는 자신의 영혼을 인간 인조의 몸속에 전송시키지만 사람들로 하여금 자신들의 영혼들을 서로 교환하는 상황도 전개된다. 로덴베리는 아들의 자손들이 검투사의 싸움에 참여하기를 거절하는 <빵과 서커스(Bread and Circuses)>에서 기독교의 개방적인 사고를 인정하고 있지만 기존의 종교, 초월적인 신들과 초자연적인 힘에 대하여 적대적인 감정을 지니고 있었다.104) 그러나 로덴베리는 비조직적이면서 범심리학적인 다양성을 지향하는 지성적인 범신론자인 것만은 분명하다.

실재적인 미래의 시간에 실재적인 <스타트렉>의 존재를 상상해 본다면, 스타트렉의 인본주의 성향은 로덴베리의 관점과는 상당한 차이가 있다. 과연 그 시대의 사람들은 단지 인류에게만 최상의 관심을 갖고 있는 하나님을 믿겠는가? 그들은 인간에 대한 하나님의 최후의 심판이나 부활 이후에 가상적으로 변화된 이 지구를 믿겠는가? 그들은 우주의 아름다움과 신비로운 모든 것들이 냉험하고 적대적이며 전적으로 무의미하다고 믿고 있는 무신론자들이 아니겠는가? 그들은 모든 것이 공허하다는 불교도들이 아니겠는가? 범신론은 허블 우주 망원경 시대를 위한 가장 이상적인 종교가 아니겠는가? 아니면 유일한 실제적인 신성으로서 우주를 경배할지도 모른다.

우주가 생성시키는 다차원적인 생명의 다양한 형태들을 맞이하

---

104) http://members.aol.com/Heraklit1/Startrek. htm

게 될 22, 23세기에는 과연 어떤 종교의 형태들이 등장할 것인가를 생각해 볼 수 있다. 마치 하나님이 창조해 낸 '에스겔 우주선'처럼 "바퀴 속의 바퀴"를 장착한 생물(겔1: 15 - 21)과 인간들의 커뮤니케이션은 물론 접속의 시대가 올 수 있을 것이다.

하나님의 목회로서 넷에 관한 흥미로운 이론들이 사이버 신학 혹은 '웹신학'에 의하여 제시되고 있다. 살아 있는 유기체의 일부로써 넷을 보고 있는 경향이라고 볼 수 있으며 지구 생태계에 대한 생명애호사상이 부분적으로 인터넷 고유의 기술 지향적인 사고와 일치하고 있다. 생명은 기술공학이라는 중심사상이 기술공학이 생명의 한 형태라는 사고로써 대체될 수 있다. 즉 사이버문화에 일반적으로 반복되어 가고 있는 표현이라고 할 수 있다. 만약 그와 같은 사상이 타당하다면, 그리고 광섬유가 살아 있는 조직이라고 할 수 있다면 논리적이며 살아 있는 조직체로써 인터넷 시대에 지구를 거대한 두뇌로써 완성된 거대한 유기체로써 생각한다는 것은 훨씬 더 용이할 것이다.

F. 헤이리언(Heylighen)에 의하면, "가장 최근에 기술혁신은 지구촌의 커뮤니케이션 네트워크를 생성시켰으며 이것은 지구촌 전체에 대한 신경조직으로 보여 지고 있으며 컴퓨터 조직망이 개인의 지력을 훨씬 능가하고 있는 지구촌 두뇌 혹은 거대두뇌처럼 보여 지고 있다."고 하였다. 이것은 보다 더 복잡한 단계로 진화를 혹은 거대 두뇌처럼 보여 지고 있다. 이것은 보다 더 복잡한 단계로 진화론적 변화를 지향하는 것이라고 볼 수 있다. 문제는 이 같은 변화가 슈퍼인간(super - beings)을 만들어 냄으로써 인간사회 전체의 통합을 가져올 것인가 아니면 다수의 거대인간(meta - beings)을 만들어 냄으로써 단순히 개인의 능력을 향상시킬 것인가에 있다고 본다.[105]

---

105) http://pespmc1.vub.ac.be//SUPORGLI.html

제4절 하나님으로서 넷

만약 몇몇 사이버 신학자들이 넷을 살아 있는 조직체의 일부로 보고 있다면, 다른 신학자들은 종교적 경험으로서 보고 있다는 점이다. "신의 형상"은 그것을 추구하는 사람들의 현실을 반영하고 있다. 사이버 세계에 관심이 많은 종교학자들은 인터넷을 하나님을 표현하는 새로운 메타포로 여기고 있다는 점이 주목할 만하다. 인터넷은 죄악으로 가득 찬 인간의 문제들을 보다 더 순수하고 정결한 상태로 발전시키는 데 기여할 수 있으며 '성화'의 공간으로 그리고 인간을 한 차원 높은 의식의 단계로 끌어올리는 데 구속적 도구(redemptive vehicle)가 될 수 있는 가능성을 지니고 있다고 주장하는 사이버신학자들은 정보신비주의자들(info-mystics)이라고 부를 수 있다.

컴퓨터 스크린을 기도바퀴(prayer wheel), 스테인드글라스 창, 혹은 계몽적인 중세의 원고와 동일하게 생각하는 학자들도 있다. 빛나는 스크린을 통하여 영성이 함께 작용할 수 있다고 믿고 있는 정보신비주의 학자들의 주장에 의하면, 뇌의 양측에 관여하여 영적으로 성숙한 사용자가 알파파(alpha waves)를 이용하여 초자연적이며 영적인 명상의 상태로 들어갈 수 있다는 것이다.[106]

종교적인 경험을 하나님으로 보는 관점은 언제나 우상을 숭배하는 유혹으로 넘어갈 수 있기 때문에 해석학자들도 그 같은 유혹에 넘어갈 수 있다. 1984년 <뉴로망서(Neuromancer)>라는 소설을 발표했으며 공상과학 소설의 작가로서 "사이버스페이스(Cyberspace)"라는 용어를 최초로 사용했던 윌리엄 깁슨(William Gibson)은 마치 넷

---

106) http:www.msnbc.com/news/226001.asp#BODY

자체가 인간의 의식처럼 의식을 소유한 것처럼 보인다고 주장한다.[107] 전체 23장으로 이루어진 이 소설 제14장에서 깁슨은 전통적인 철학적 질문을 제기한다. "숲 속에서 나무가 쓸어져 넘어질 때 아무도 그 넘어지는 소리를 듣는 사람이 없다면, 그 소리는 소리라고 할 수 있는가?(if a tree falls in the forest where there is no one to hear it, does it make a sound?)" 이 질문에 대한 해석은 해석자의 주체성에 따라 달라질 수 있지만 깁슨은 출애굽기 3장 2절에서 6절까지를 주시해 보라고 주장한다. 실제적이며 기술적인 해석 없이도 의미를 부여해 줄 수 있는 은유를 제시해 주고 있다고 볼 수 있다. 떨기에 불이 붙었는데도 타서 없어지지 아니하는 "불타는 가시덤불(a burning bush)"을 보면서 왜 그 떨기는 불에 타지 않고 있는지 궁금해 하는 모세를 보라는 것이다. 불타오르는 실재적인 가시덤불과 불타오르는 비실재적인 가시덤불은 들려오는 실재적인 소리와 들려오는 비실재적인 소리 사이의 유비적 관계는 모세와 하나님 사이의 실재적인 실재와 가상적인 실재 사이에 '은유의 덩어리'가 존재한다고 볼 수 있다. 태초의 가상적인 실재가 실재적인 실재로 변형되기까지의 과정은 곧 모세의 '디지털 은유학'으로 해석될 수 있는 것이다. CS 자체가 하나님으로 여겨질지도 모르며 그 용어 자체에 하나님이 함께하실 것이라고 깁슨은 주장하면서 웹상에서 유일하게 존재하는 것이 현실세계에 적용여부는 양면적 가치가 있다는 점도 주의 깊게 살펴보아야 한다고 덧붙인다.

인터넷 작가인 에릭 데이비스(Erik Davis)에 의하면 "우리의 삶의 많은 영역에서 관련성을 맺고 있으며 또한 침투해 들어온 거대한 기계를 만들어 내고 있다. 그 같은 관점에서 본다면 지상에 존재하는 신과 같은 존재가 될 것이다."라고 주장한다. 제프 자레스키(Jeff

---

107) http://www.wsu.edu:8080/~brains/science_fiction/neuromancer.html

Zaleski)는 보다 더 직접적이고 특색 있게 표현하고 있다. "예배하는 자들이 넷 속으로 들어가게 될 것이다. 하늘의 기쁨을 맛볼 수 있는 획기적인 시뮬레이션 속으로 서핑을 하면서 아마도 Deep Blue[108]와 그 후손들, 즉 응답할 수 있는 그 어떤 신적 존재에게 무릎을 꿇게 될 것이다."[109] Deep Blue는 인간들과 마찬가지로 영혼을 갖고 있으면서 사유할 수 있는 "생존기계(survival machines)"로서 인공두뇌로 무장된 사이보그(cyborg)라고 할 수 있다.[110]

대부분의 사람들은 존재의 근원을 컴퓨터와 동일시하지는 않을 것이다. 과정신학은 웹상에서 하나님의 사역이 이루어지고 있다는 점을 보다 더 강조하고 있으며 과정신학자들은 하나님은 이 세계 속에서 자신을 변화시키거나 완벽하게 하기 위하여 역사하신다고 주장하면서 결코 변하지 않는 하나님은 거부하고 있다. "과정신학자들은 부당하게 비난을 받고 있다."라고 주장하는 리차드 씨엠(Richard Thieme)은 인터넷은 우리 인간이 하나님께 도달할 수 있는 방법뿐만 아니라 우리가 하나님을 어떻게 생각하느냐의 '신론'의 문제까지도 바뀔 수 있도록 만들 것이라고 주장한다.[111]

템플대학교 종교학 교수인 윌리엄 그래시(William Grassie)는 "만약 하나님이 변하지 않으신다면, 우리는 하나님을 상실하게 될 것이다."라고 주장한다.[112] 우리와 함께 변하시는 과정으로서의 하나님에 대한 사상에 대하여 변화의 과정을 겪을 수밖에 없다. 만약 영원하시고 불변하신 하나님을 믿게 되면, 우리는 사면초가에 빠지

108) Jennifer Cobb, Cybergrace, pp.1 – 11

109) http://www.independent.co.uk/net/980428ne/story1.html

110) Time, April 1, 1996. 36

111) http://www.independent.co.uk/net/980428ne/story1.html

112) http://milligan.edu/Communications/101files/timejes1.htm

게 될 것이다.

비록 테일하드(Pierre Teilhard de Chardin)가 변화하는 하나님에 대하여 언급하지는 않았으나 변화하는 인간이 하나님과 연합하여 지구의 '중심' 속으로 들어갈 수 있다고 주장함으로써 과정신학의 기초를 세웠다고 볼 수 있다. 넷은 테일하드적인 비전에 적합한 것이라고 볼 수 있다. 지구 신경조직의 이미지는 로마 가톨릭 교회에서 출판금지를 당했던 예수회 신부였던 테일하드에 의하여 설계된 것이라고 본다. 테일하드는 "정신의 생성(noogenese)"이라 할 수 있는 "정신영역(noosphere)"의 기술적 발전을 예측했던 것이다. 그가 믿고 있는 정신영역은 마침내 형제애를 느낄 수 있는 시대에로의 영묘하고 보편적인 의식을 수반하게 될 것이다.[113]

테일하드는 지구를 변화시키는 정보의 복잡한 막(膜)조직에 의하여 그리고 인간의 의식구조에 의하여 야기된 진화의 단계를 생각했다. 광범위한 전자 웹이 지구 전체를 감싸게 될 것이며 신경조직과 같은 유선을 통하여 한 지점에서 다른 지점으로 연계될 것이다. 우리는 눈 깜짝할 사이에 전자적으로 여행할 수 있는 복잡한 컴퓨터 회로와 무선의 인공위성 송신과 수많은 전화선으로 형성된 삶을 영위하게 될 것이다.[114]

지구를 덮고 있는 생물들이 다양한 층에서부터 지구를 감싸고 있는 정신의 층이 나타나게 된다. 이 같은 인간의식은 보다 더 고차원적인 복합적인 사회 구조를 생성시킬 것이다. 이와 같은 과정을 물질과 정신의 연합으로 슈퍼의식(superconscious)의 결과를 초래할 것이다. 테일하드의 예측은 집단적인 정신의 지구촌 네트워크를 통하여 인류의 연합된 성취가 이루어질 것이며 다양한 복합적인

---

113) Ibid.

114) http://www.wires.com/wired/archive/3.06/teilhard.html

요소들은 인간들을 단 하나의 웹으로 구성될 것이라는 것이다.115)

정신과 물질이 분리될 수 없는 것처럼 공간과 시간도 분리될 수 없다. 진화는 쿼크(quarks)에서 인간에 이르기까지 복잡한 물질의 증가된 역사라 할 수 있으며 이 복합의 각 단계에서 사물의 핵심이 처음에는 생명으로 다음에는 자의식으로 드러나게 된다. 각각의 단계는 물질이 무엇인지를 보여주며 체계가 복잡해지면 질수록 더욱더 의식적이라는 점이다. 결국 복합적인 의식의 법칙은 연합의 단일지점에서 모든 의식적인 물질의 통합이 이루어진다. 테일하드는 오메가포인트(Omega Point)라 부르고 있다.116) 보다 더 단순한 것에서 더욱 복합적인 유기체에 이르기까지 진화의 과정을 보여주는 지질학적인 기록을 근거로 하여 "복합성의 법칙"이라고 명명되는 것에 의하여 진화는 이루어진다고 보는 것이 테일하드 관점이다. 그러나 그는 또한 문명의 집단적인 지성이 이 법칙에 의하여 지배를 받게 되며 "오메가 포인트"라고 부르는 이론적인 최대치까지 증폭된다는 것이다.

중립적인 공간이라고 할 수 있는 웹은 테일하드의 합 – 의식적인 법칙의 반영이라고 할 수 있으며 어느 한 체계에서의 지점들과 지점들 사이에는 보다 더 큰 힘이 존재한다. 만약 인터넷이 중립적인 것이라면 '지구지성'의 가능성도 열리게 될 것이다.

---

115) http://www.sjsu.edu/depts/Museum/chardin.html

116) http://www.altavista.com/cgi – bin/news?msg@21260@sci.anthropology.palea

제5절 정신영역(Noosphere)

의식의 웹은 정신영역이라고 본다. 정신영역은 인간의 사고와 문화에 의하여 야기되는 삶의 한 영역이다. 테일하드(Teilhard De Chardin), 베르단스키(Vladimir Ivanovich Verdansky)와 로이(Edouard Le Roy)는 지질영역, 즉 비생명세계와 생물영역, 즉 살아 있는 세계와 정신영역을 구별하고 있다.

과거에 지구는 생물영역이라 할 수 있는 상호의존적인 살아 있는 유기체들의 엷은 막으로 뒤덮여 있었던 것처럼 인간의 종합적인 성취들도 역시 테일하드가 1925년 "정신영역"이라고 언급했던 것처럼 집단적인 정신의 지구촌 네트워크를 형성해 가고 있다고 볼 수 있다.

정신영역을 생명체의 정신과 인간과 유사한 유기체로 보는 것은 용이하다. 그러나 이 같은 유사성을 지나치게 사실적으로 보는 것은 경계해야 할 것이다. 그러나 정신영역은 종합적인 요소들 각각의 차원들의 새로운 자질들이 선행하는 것들로부터 예측할 수 없는 것처럼, 각 개인의 개성적 차원의 관점에서 유비적 관점이 아닌 정신영역의 중심성에서 나타나는 중요한 "개성"이라고 볼 수 있다.[117] 테일하드의 정신영역 속에 하나님의 존재여부는 논란의 소지를 안고 있다. 정신영역은 그가 언급하는 오메가, 즉 통합의 지점을 향하여 움직여 가는 진화의 다음단계라고 볼 수 있으며 이 오메가는 하나님과의 연합을 획득할 수 있는 '중심' 혹은 '축'이 될 수 있다.

---

117) Michael H. Murray, The Thought of Teilhard de Chardin: An Introduc-tion(New York: Seabury Press, 1966, p.23

현대는 사람들이 하나님(God)이라는 용어를 너무 가볍게, 너무 쉽게 사용하고 있다. 하나님은 숨어 계시며 이해할 수 없는 분이기 때문에 우리는 하나님의 본성을 이해할 수 없다고 말하는 것이 더 정확한 표현일 것이다.118) 따라서 '하이퍼신학'을 통하여 하나님의 본성을 다 이해할 수 없지만 그럼에도 불구하고 이성과 과학, 즉 "사이버과학의 선언(Cyberscience's Manifesto)"119) 속에서 하나님의 사이버적 이미지와 그 패러다임의 유사성을 인식할 수 있다. "하나님의 나라"는 하나님이 함께하신 중심들 중의 어느 한 중심의 연합, 즉 '에큐메니칼 텍스트'를 지향하는 '사이버천국' 혹은 '사이버에덴'이라고 부를 수 있다.

118) Colm Luibheid, trabs., Pseudo－Dionysius: The Complete Works(New York and Mahwah: Paulist Press, 1987, 108

119) http://perso.wanadoo.fr/

제8장
사이버목회자: 목회자닷컴(Pastor.com)

제1절 하나님 목회

목회는 하나님의 사랑을 선포하는 것이다. 이것은 광범위한 의미에서의 선포이다. "선포한다(proclaim)"라는 말은 라틴어 "Proclamare", 즉 문자적 의미로는 "……보다 앞서 외치는 것을 의미한다." 내적 신앙을 외적 표시로 나타내는 것을 의미한다. 또한 "증거한다(witness)."는 동사와 밀접한 관련성을 지니고 있다. 하나님은 자신의 존재방식이라 할 수 있는 WWW(WORD – Word – word)의 구조 속에서 말씀하시며 인간들의 응답을 기다리신다. 이와 같은 패러다임을 전제로 할 때, 목회자들은 하나님의 사랑을 선포하고 증거하며 선언하며 목회하는 것이다. 이 같은 선언은 물리적인 공간에서 뿐만이 아니라 CS와 CC의 공간에서도 가능한 일이다.

목회자는 신앙공동체를 구축하신 하나님을 선포하는 가운데 공동체의 사역을 돌아본다. 예수 그리스도는 설교와 성례전이 예수 그리스도에게 그 초점이 맞추어져 있는 신앙공동체에서 역사하신다. 하나님의 말씀과 성령은 목사와 회중을 연계시켜 주며 그들로 하여금 그리스도에게 그 초점이 맞추어질 수 있도록 도와주신다. 그러나 그리스도의 정체성은 무엇인가? 십자가상의 그리스도는 온 인류를 위한 하나님의 사랑이시다. 그리스도의 선포는 사랑의 선포이다. 이것이 온라인 목회, 즉 사이버 목회의 동기이며 방향이라고 할 수 있다.

사이버 목회의 이와 같은 방향설정은 그리스도가 현존한 곳에 온 인류가 좀 더 가까이 다가갈 수 있도록 해 준다는 데 있다. 웹 사이트는 그리스도의 사랑이 역사하는 곳으로 네티즌들로 하여금 사랑의 역사에 동참할 수 있도록 인도해 줄 것이다.

목회에서 성령의 역할은 설득적이라고 볼 수 있다. 성령은 그 사역의 '기능' 면에서 CS의 인터페이스처럼 가상과 실재를 연계시켜 주는 중요한 역할을 담당하고 있다. 핫산이 포스트모던 시대의 하나님의 모습은 전적으로 "성령"의 하나님을 강조하고 있다. 수직적인 성령이 아니라 수평적인 성령으로 신앙공동체의 "하이퍼링크"와 같다고 볼 수 있다. 인터넷의 공간에서 '사이버성령'은 모든 종교적 이데올로기들의 통합을 하이퍼링크를 통한 설득과 사랑으로 이 세계를 감싸 안을 것이다. 따라서 사이버목회자는 "현명한 바보"[120](wise fool)가 되는 것도 중요하지만 이 시대의 하나님의 사랑이 역사하시는 곳이 어디인가를 분별해 내는 일이다. 이 같은 '소망' 혹은 '소명'은 디지털 시대에 온라인 목회적 동기가 되며 웹 상에서 복음을 선포하는 사이버신학자, 사이버목회자, 사이버평신도들의 몫이라 할 수 있다. 목회자의 의도는 사람들 사이에서 역사하시는 하나님의 섭리가 무엇인지 분별하여 그들로 하여금 CS에서

---

120) Donald Capps, Pastoral Care and Hermeneutics(Philadelphia: Fortress Press, 1984), p.88

하나님의 사역에 동참하도록 인도해 주는 것이다.

　모든 목회활동에는 3가지 요소가 있다. 하나님과 신앙공동체와 목회자이다. 이 세 가지 요소들은 동시에 작용하고 있으며 상호 연결되어 있다. 선교전략의 프로그램은 우선 하나님의 사역이 무엇인가, 신앙공동체의 사명은 무엇인가, 그리고 목회자는 선교전략에 대하여 어떠한 사역을 할 것인가를 분명히 고려해야 한다. 우리 인간이 하나님의 사역을 안다는 것은 불가능하다. 하나님의 뜻이 무엇인지 안다고 제시하는 것은 일종의 교만이다. 따라서 하나님의 역사가 무엇인가를 성경적 관점에서 방향을 제시해 주는 것이 중요하다.

　그럼에도 불구하고 하나님은 목회활동에서 역사하신다. 21세기의 하나님은 전적으로 '사이버하나님'으로 그 정체성을 계시하실 것이다. 시작과 끝, 즉 알파와 오메가가 동일한 '사이버역사(cyberhistory)'와 '사이버인류학', '사이버해석학'을 통하여 사이버하나님이 자신의 목회를 가장 효율적인 방법으로 이 세계를 통치하실 것이다.

　하나님과 신앙공동체와 관계는 '온라인' 상태였다고 할 수 있다. 인간의 역사가 시작된 이래로 하나님은 온라인 상태를 유지하기 위하여 세속적인 '크로노스' 속에 지속적으로 '카이로스'의 온라인 상태를 구축하신 것이다. 하나님의 창조적 섭리의 특징은, 다시 말하면 하나님과 인간의 의사소통의 관계성은 '오프라인'이 아닌 디지털 방식의 온라인 방식이었다. 예수의 유기체적인 웹으로서의 성육신은 그리고 그의 모든 기적적인 신앙사건들은 '오프라인' 상태에 있는 인간의 커뮤니케이션을 다시금 회복시키고자 하는 하나님의 특별한 사랑과 은총, 의지의 표출이다. 이른바 에덴동산의 사람들은 물론 믿음의 조상이라고 일컬어지는 아브라함에서 밧모섬의 요한에 이르기까지 온라인을 통한 하나님과의 만남이었다.

가일롯 주교(Bishop Gaildt)는 작가인 아담 갑닉(Adam Gopnik)과의 인터뷰에서 "초대교회의 원시 기독교인들은 일종의 인터넷 그 자체였다."고 주장한다. 그 이유 중의 하나는 로마제국이 초기의 신앙공동체와 대립에서 그들을 해체시키지 못한 이유를 들고 있다. 원시 신앙공동체의 신앙인들은 물리적인 공간에서 물리적인 힘을 주장하는 것이 아니라 온라인 상태를 유지하기 위하여 신앙인들의 네트워크를 구축한 것이다. 예컨대, 바울의 선교정책은 그가 예루살렘과 로마 사이에서 고민하고 있을 때, 그는 소아시아를 선택하게 된다. 수평적으로 이동함으로써 수직적인 계급구조를 피하기 위한 의도였던 것이다. 신앙공동체는 언제나 수평적으로 이동할 때, 놀라운 성장을 이룩했지만 수직적으로 움직일 때, 고통과 자기모순에 빠지고 말았다. 사이버하나님은 수평적으로 자신의 섭리를, 자신의 사역과 선교를 온라인 상태로 이끌어 나가신다.[121]

제2절 신앙공동체의 목회

만약 교회를 사람들의 관점에서 정의한다면, 사람들을 자신들에게 초점을 맞춘 표현으로 그리스도를 '믿는다.'고 말할 것이다. 그러나 예수 그리스도가 존재하는 바로 그곳을 교회로 정의한다면, 사람들은 '그리스도 안에서 나는 믿는다.'고 말할 것이다. 그리스도는 컴퓨터에서 우리가 믿는 바로 그 공간(기억장치)이 된다. 그리스도는 중심(중앙처리장치)이시며 그 중심으로부터 모든 것이 출력

---

121) Jennifer Cobb, Ibid., p.77

된다고 볼 수 있다.

이것이 바로 기독교의 정체성이라고 할 수 있다. 기독교 공동체가 기독교답게 만드는 것은 예수 그리스도를 믿는 '나의' 신앙만으로는 불가능하다. 왜냐하면 그 같은 경우에 기독교는 바로 '내'가될 것이다. 오히려 기독교는 "예수 그리스도"가 되어야 한다. 기독교는 예수 그리스도 안에서 예수 그리스도를 통한 공동체를 의미한다. 신앙공동체는 이 같은 의미의 이상, 이하도 될 수 없다.

CC가 예수 그리스도 안에서 예수 그리스도를 통하여 존재한다고 했을 때 무엇을 의미하는가? 그것은 "예수 그리스도 안에서 예수 그리스도를 통한 공동체"를 의미한다. 그리스도는 보이는 신앙공동체, 보이지 않는 CC 혹은 그 어떠한 공동체이든 중심이 되어야 한다. 그리고 그 신앙공동체는 예수 그리스도 안에서 그 정체성을 찾아야 한다.

그리스도에 대한 성경적 관점은 그분이 자신의 백성들과 함께하시는 하나님이시라는 점이다. 타자와 함께하는 기독교적 관계성이란 예수 그리스도가 존재하는 리얼리티에 의하여 전달된다. 그리스도의 대변자로서 다음과 같이 선포해야 할 것이다. '당신은 예수 그리스도의 사이버리얼리티에 참여하는 것이 유익할 것입니다.' 하나님의 사람들은 WWW(WORD – Word – word)를 선포해야 한다. 서로에게, 타자에게 그리스도를 선포하게 될 때에 '진정한' 만인 사제직을 수행하는 것이라고 할 수 있으며 그리스도를 증언하는 것은 현실생활에서뿐만이 아니라 CS에서도 가능하다. 상황에 따라서 그리스도의 말씀은 더욱더 효과적으로 CS에서 전달될 수 있으며 그것은 인터넷이 위협적이며 강요적인 부정적인 환경을 제공해 주지만은 않기 때문이다.

기독교적 형제애는 우리가 인식하고 있는 이상(ideal)이라기보다는 오히려 우리가 그리스도 안에서 참여할 수 있으며 하나님에 의하여 창조되는 리얼리티라고 볼 수 있다. 신앙공동체는 영적인 리얼리티이며 그리스도는 공동체의 리얼리티를 CS와 CC에서 그 리얼리티를 확장시켜 나가고 있다. 현실생활이 반드시 물리적이고 '보이는 것'이어야만 한다고 주장하는 것은 '보이는 것'은 나타나 있는 것에서 생기지 않는다는 히브리서 기자의 증언에 귀를 기울일 필요성이 있다(히11: 1~3). 현실생활은 그리스도가 존재하는 바로 그곳이다.

종파가 다른 기독교인들이라 할지라도 그리스도의 '사이버리얼리티'에 동참함으로써 연합할 수 있다. 분열과 당을 짓는 행동들은 공개적으로 신앙공동체의 윤리적 규범이 될 수 없다. 그것은 신앙공동체의 실수를 인정하는 것이다. 가시적인 그리스도의 몸 안에는 하나가 될 수 없다. 오히려 기독교는 의견이 다르다 하여 서로 의심함으로써 수많은 종파가 탄생된 것이다. 신앙공동체의 적절한 고백이 있다면 그것은 무엇이라고 할 수 있는가? 공동체의 역할을 제대로 수행하지 못한다 할지라도 유기적인 신앙공동체가 되게 하시는 예수 그리스도 안에서 '하나 됨' 혹은 '한 몸 됨'을 고백해야 한다.

이처럼 믿는 자들의 연합은 그리스도 안에서 하나의 역동적이며 유기체적인 WWW(WEB-Web-web)의 '디지털리얼리티'라고 할 수 있다. 이 디지털리얼리티는 믿는 자들이 투쟁하며 수고하여 얻을 수 있는 그런 것이 아니라 이미 태초부터 존재하고 있었던 하나님의 계시존재방식이 아날로그 방식에서 디지털 방식으로 전환을 시도한 것이라고 볼 수 있다. 예수 그리스도는 신앙인들의 실제적인 보이지 않는 공동체이다. 그 관계성의 리얼리티는 전적으로 성령의 기획이라고 하여 구축한 것이다.

그리스도가 교회와 함께 공동체를 형성했듯이 교회는 죄가 있는 인간의 공동체와 함께하시는 그리스도를 선포해야 한다. 교회는 CS를 포함하여 세상을 하나님 앞으로 인도하여 하나님 앞에서 세상을 출력시켜 세상에 대하여 하나님을 선포해야 한다. 이것이 교회가 예수 그리스도의 "사제직"에 함께 동참하는 것이다.

제3절 종교적인 온라인

종교 단체들이 급속도로 온라인 접속을 가속화시키고 있다. 교황에서부터 일반 평신도에 이르기까지 모든 종교단체들이 웹사이트를 운영하고 있다. 개신교, 불교, 힌두교, 몰몬교와 이슬람교, 가톨릭의 종교 단체들은 온라인이 가동 중에 있다. 사이온토로지(Scientology)에서 UFO에 이르기까지 신흥종교들도 자신들의 새로운 종교영역을 확보하기 위하여 새롭게 WWW(World – Wide – Web)의 웹사이트를 운영하고 있다.

인터넷 검색엔진이 "인터넷교회(Internetchurch)"의 탐색을 위하여 보이지 않는 전쟁을 하고 있으며 특히 "웹상에서의 그리스도(Christ on the Web)"에 대한 탐색이 이루어지고 있다. 모든 검색엔진들이 웹상에서 극히 미세한 작은 부분까지도 다루고 있다. 마치 5천만 권의 도서를 소장하고 있는 도서관에서 한 권의 책을 찾으려고 시도하는 것과 같은 것이다. 그러나 "전자도서관" 혹은 "사이버도서관"은 일반적인 분류시스템에 동의하지 않는 입장이다. 하나님이 창조한 이 우주는 마치 사이버도서관과 같다고 할 수 있다. 그것은 웹사이트에 관하여 지구촌 어느 곳에 있는 종파와 상관없이 그들의 신앙적 텍스트와 컨텍스트를 접해볼 수 있기 때문이다. 특히 로마 교황청은 1995년 웹사이트를 구축했으며 신앙적 인터넷 접속이 폭발적으로 증가하고 있다.[122] 이 사이트는 라파엘(Raphael), 미가엘(Michael), 그리고 가브리엘(Gabriel)이라는 명칭의 3대의 컴퓨터로 운영하고 있다. "인터넷이 폭발하고 있다. 교회도 그곳에 접속해야 한다." 성부께서도 원하셨다고 이 사이트를 운영하고 있는 조베레인(Zoebelein) 수녀는 강조한다. 말씀의 전파를 위하여 개혁적인 방법을 찾고 있었던 교황도 이제는 교회의 선교적 사명을 완수하기 위하여 컴퓨터 원거리 통신을 이용하고 있으며 그는 이와 같은 디지털에 의한 선교정책을 "새로운 복음주의(new evangelization)"라고 부르고 있다.

바르나 연구소(Barna Research)에 의하면, "구시대적인 선교정책을 탈피하기 위하여 그리고 이웃들과 교제를 나누기 위하여 교회는 온라인을 구축해야 한다."고 강조한다. 캘리포니아의 그렌데일에 있는 바르나 연구소의 최근의 연구에 의하면, 신앙인들도 이제는 세계의 오지에 있는 지역에까지 매 순간마다 온라인을 통하여 감동적인 메시지를 전파할 수 있다는 것이다. 수많은 네티즌들과의 인터뷰를 통하여 조사한 결과, 바르나 연구소의 결론은 사이버스페이스를 구축하지 않는 교회들은 자신들의 교구민들과도 접촉할 수 없다는 것이며, 새로운 디지털혁명의 시대에 교회가 외면한다면 교회존재능력에 적신호가 켜질 것이라고 경고하고 있다.

벤 폴락(Ben Pollack)은 인터넷을 통하여 결혼식, 세례식, 죄의 고백, 축도 등을 시작했으며 그는 자신의 인터넷을 통한 이와 같은 신앙공동체를 "사이버스페이스 제일교회(the First Church of Cyberspace)"라

---

122) http://www.catholicgoldmine.com/vatican2.html

고 부르고 있다. 폴락 목사가 시행한 온라인상에서 세례식이 어떠한 것인지 궁금해 하는 사람들이 많다. 기독교 예배의 다양한 모습들이 쉽게 CS로 전달되기도 하며 이미 사이버 성경공부, 사이버기도 모임 등이 활발하게 이루어지고 있다. 그러나 사이버 성례전은 또 다른 문제라고 지적되기도 한다.

　그러나 사이버하나님은 자신의 '디지털선교학' 혹은 '사이버선교학'이라고 할 수 있는 WWW(WORD – WEB – WORD)의 디지털선교 패러다임으로 전통적인 성례전의 의미와 해석 그리고 공간이 CS 및 CC의 '사이버해석학'을 통하여 그 '위치'를 전환시킬 것이다. 그러나 기존의 전통적인 시공간의 활용이 사라지지는 않을 것이다. 오히려 개신교보다도 로마 교황청에서 먼저 실천에 옮길 것이다. 게다가 '디지털성례전'은 '테오프락시스(Theopraxis)' 차원에서 전 우주적으로 실행될 것이다.

제1절 기도

영국 기독교 방송에서 개설한 아름다운 "회개 사이트(The Confessor)"
가 있다. 21세기의 기독교 인터넷 사이트들이 실재적인 교회의 리
터지(liturgy)가 운영되는 방향으로 개편되어가고 있다. 따라서 많은
사람들이 방문하여 새로운 영적 정보들을 향유할 수 있도록 해야
할 것이다.

기도는 하나님과의 커뮤니케이션이다. 기도란 특별히 형식이 없
는 것이다. 하지만 경배, 고백, 감사, 애원이라는 기본적인 요소들
을 염두에 두고 하나님과 대화하는 것이다.[123] 인터넷상에서 수많
은 "기도요청"의 공간이 구축되어 있으며[124] 마치 가톨릭의 "고해
성사"나 개신교의 기도, 고백, QT와 같은 기능을 웹 공간에서 직접

---

123) http://www.ccci.org/7Steps/questions.html
124) http://www.prayercover.com

하나님과 접속하여 죄를 고백하는 시대가 열리게 되었다. 사이버처치기도(cyberchurchprayer),[125] 사이버기도[126](cyberprayer)의 출현으로 교회의 리터지 기능을 인터넷이 담당하게 되었으며 하이퍼신학의 관점에서 보면 성령의 역사로 자연스럽게 전통적인 예배 패러다임이 전환되어 가고 있다고 볼 수 있다. 특히 CS에서의 '중보기도'는 하나님의 나라의 실현을 위하여 체제나 이념을 초월한 최상의 공간이 될 것이다. 시간이 흐를수록 이와 같은 흐름은 가속화될 것이며 국내의 교회들도 이러한 변화에 긍정적이고 생산적인 그리고 적극적인 자세로 대비해야 할 것이다. 이 회개사이트의 시공간은 전 인류가 아니면 이 사이트에 접속하는 모든 사람들에게 영적인 생명력을 주기에 충분하리라고 본다.

회개 사이트

하나님께 죄를 고백하는 행위에 관하여 성경은 일련의 약속을 보여 주고 있습니다. 많은 약속들이 있기 때문에 죄를 고백하는 "회개 사이트"에 접속할 때마다 다른 콤비네이션을 보게 될 것입니다.

여러분은 은밀히 자신의 죄를 생각하실 것입니다. 혹은 그것이 도움이 될지 모르지만 주어진 스페이스에 그 죄악들을 입력시켜 보시기 바랍니다.

만약 후자를 선택하신다면 입력하시는 모든 내용들은 그 어느누구에게도 전송되지 않을 것입니다. 오로지 여러분과 하나님 사이

---

125) http://cywww.trillium.co.uk/cyberchu.htm

126) http://www.hearourprayer.com, http://−accord.org/pleasepray/, http://www.pastornet.com/prayer.htm

의 문제이며 여러분의 프라이버시가 전적으로 존중될 것입니다.

죄를 고백하기 전의 하나님의 말씀

요한복음 3: 16

요한 1서 1: 7

우리가 하나님의 용서를 경험할 때 우리는 치유를 받습니다. 자유를 얻습니다. 그리고 우리의 삶이 급진적으로 변하게 됩니다.

그러나 우리가 스스로 이 사실을 알기 전에 먼저 죄와 그 결과들을 인정하고 이해해야 합니다. 죄는 하나님과 이웃들로부터 우리를 분리시켜 놓습니다. 그리고 지속적으로 내적으로 우리를 분열시켜 놓습니다.

1. 하나님으로부터의 소외

죄는 하나님에 대항하는 반항적 태도입니다. 거기서 우리는 그분의 사랑과 권위를 거부하거나 수용하지 않습니다.

2. 깨어진 관계

모든 죄들은 신앙공동체를 파괴합니다. 왜냐하면 죄는 무질서와 갈등을 야기하기 때문입니다.

3. 내적 분열

죄는 우리를 영원토록 내적 분열상태로 빠트리게 합니다. 평안함을 누리며 살려면 두 극 사이의 균형이 필요합니다. 즉 하나님의 사랑과 이웃들의 사랑, 죄는 이 균형을 파괴하고 싶습니다. 우리가 회개할 때 하나님은 죄의 3차원적인 결과들을 사하여 주십니다.

1. 하나님과의 회복
우리가 죄를 인정하고 그리스도의 죽으심과 부활하신 공로로 하나님의 도움을 요구할 때 가능합니다.

2. 이웃들과의 화해
갈등의 요인 대신에 우리는 평화와 화해의 힘이 됩니다.

3. 자아의 통합
지속적인 내적 갈등 대신에 우리는 우리들 자신들과 평화롭게 지낼 수 있습니다. 우리는 온전한 인간이 될 수 있습니다. 여러분을 지금 회개할 수 있도록 초대합니다. 여러분은 가장 편안한 방법으로 자신의 죄를 고백할 수 있습니다. 혹은 이미 보편적으로 사용되었던 준비된 고백서를 이용할 수 있습니다.

여러분의 죄의 고백

자연스럽게 여러분에게 다가오는 말씀을 이용하여 여기 빈 공간에 당신의 고백을 채워보십시오. 당신의 고백은 전적으로 하나님과 당신 사이의 관계에서 이루어집니다. 인터넷을 통하여 어느 누구에게도 전달되지 않으며 심지어 자신의 컴퓨터에도 저장되지 않습니다. 여러분 자신만의 고요한 시간 속에서 고백을 하게 됩니다. 만약 죄의 고백이 떠오르지 않을 때 걱정하지 마십시오. 여러분은 준비된 고백서를 이용할 수 있습니다.

고백 상자(BOX)

만약 죄의 고백을 다 쓰셨다면 다음 버튼을 클릭해 주십시오

준비된 고백서

사랑의 하나님! 은밀한 기도의 보장 속에서 저는 당신께 고백합니다. 저는 이웃들의 이성적인 기대감에 미치지 못했습니다. 저는 겸손하지 못했습니다. 그리고 결코 당신께서 기대하는 그런 인물도 못 됩니다. 저는 동료들의 마음을 아프게 했습니다. 나 자신에게도 실망했습니다. 당신의 고통만 더해 가도록 했습니다. 죄인들을 환영하시고 소외된 이웃들을 높이 들어 세우시는 그리스도의 이름으로 내가 나 자신에 대한 행위들과 죄악들을 용서해 주시옵소서. 당신께서 기꺼이 나를 받아주시고 나의 믿음을 새롭게 하여주시옵소서. 당신이 어린이를 사랑하신 것같이 내가 자족할 수 있도록 도와주소서. 그리고 당신께서 기쁨을 누릴 수 있도록 나의 삶을 살게 하여주소서. 나의 주 예수그리스도의 이름으로 기도드립니다.

시편 130편
고백 후 하나님의 말씀
에베소서 3: 18 – 19
마태복음 16: 25

마지막 기도

전능하시고 자비로우신 하나님! 탕자처럼 당신을 떠났던 적이 많았음에도 불구하고 저를 빚아주시니 당신께 감사를 드립니다.

제2절 설교

미하일 푸코(Michel Foucault)는 자신의 해석학에서 "모든 것은 해석이다(Everything is interpretation)."라고 정의하고 있다.[127] 설교란 설교자의 성경텍스트에 대한 해석으로 설교자의 영성, 감성, 지성이 종합적으로 한데 어우러진 종합예술로써 한 편의 드라마라고 할 수 있다. 프리텍스트만으로, 텍스트만으로, 컨텍스트만으로 하나님의 "말씀"을 설교로 전달할 수 있다면 그 메시지는 "울리는 꽹과리"에 불과할 것이다. "프리텍스트 – 텍스트 – 컨텍스트"에 대한 분석과 성령의 감동으로 그 "어느 곳에서든지" 영적 감동과 신앙의 생명력을 불러일으킬 수 있는 메시지의 필요성을 느낀다. "사이버설교(cybersermon)"[128] 혹은 "가상설교(virtual sermon)"[129]의 출현으로 시공간을 초월하여 하나님의 "말씀"을 듣고 보게 됨으로써 신학과 신앙의 풍부한 상상력과 이해를 가져올 수 있게 되었다. 초대교회의 전통적인 메시지 전달방법 중에서도 엠마오로 돌아가는 제

---

127) http://www.as.ua.edu/ant/murphy/pomo.htm

128) http://www.vheadline.com/st – – _marys/cybermons.htm

129) http://www.christianbest.com/xian – ser.html

자들에게 예수가 "순간적인 접속(immediate access)"[130]을 통하여 전했던 메시지의 방법처럼 그리고 빌립이 시공간 이동하여 이디오피아 내시를 위한 설교와 성경해석을 해주었던 것처럼 이제는 인터넷 사이버 공간에서 그 역할을 담당하게 될 것이다.

제3절 찬양

하나님께 영광을 드리는 찬양이야말로 현대인들에게 예배에 있어서 중요한 자리를 차지하고 있다고 본다. "가장 지고한 기적"이란 다름 아닌 용서와 이해와 사랑이라고 할 수 있다. 찬양을 통하여 "천상의 음악"을 들을 수 있다면 이 세계는 좀 더 아름다운 세상이 될 것이다. 셰익스피어는 <폭풍우(Tempest)>에서 음악의 정체성과 그 기능에 대하여 언급하고 있다. 음악은 인간의 감성과 지성, 영성을 회복시켜줄 수 있는 각성제이며 치료제, 진정제라는 것이다. <폭풍우>라는 제목에서 본다면 역설적으로 들리게 되겠지만 폭풍우 속에서 진정한 "침묵의 소리"가 무엇인지 참된 "고요함"이 무엇인지 들을 수 있어야 할 것이다.

교회음악이 이제는 "사이버음악목회"[131]의 패러다임으로 예배의 다른 영역보다도 빠르게 변화되어 진행되어 가고 있으며 특히 2400여 곡의 찬송과 복음송 그리고 다양한 장르를 갖추고 있는

---

130) http://www.cin.org/index2b.html

131) http://members.aol.com/_ht_a/Essential8/music.htm
    http://www.wheaton.edu/isae/hymnconferences.html

"사이버찬양(cyberhymnal)"132)이 국경을 초월하여 영적 교류가 활발히 이루어지고 있다. 기독교 사이버음악의 "Music Link"133)에는 기독교 예술 링크, 메가음악사이트, 음악성경연구, 음악검색엔진, 미디파일 등의 많은 정보와 찬양을 통하여 영적인 호흡을 할 수 있도록 구축되어 있으며 특히 "음악목회자료센터(The Music Minlstry Resource Center)"134)에서는 예배기획을 위한 창의적인 아이디어들을 폭넓게 제공해 주고 있다. 이와는 대조적으로 비종교적 사이버음악이 CC의 사이버음악보다도 그 진행속도가 빠르다고 할 수 있으며 그 장르 또한 다양하다고 볼 수 있다.

제4절 성례전

예수는 제자들에게 이 땅에서 사역하는 동안 그 무엇으로 제자들의 마음속에 자신의 이미지를 각인시킬 수 있을까 고민하다가 최후의 순간을 맞이하면서 이른바 "다락방 애찬"을 준비했던 것이다. 예수는 자신의 "몸과 피"를 "빵과 포도주"에 비유하면서 이 애찬을 기념하라고 당부한다. 이에 대한 중세 교부들과 신학자들의 다양한 해석들 때문에 세르베투스(Servetus)를 비롯한 많은 사람들이 "이단"으로 처형된 기독교의 피로 얼룩진 역사를 잊을 수 없다.135) 성례전 전통의 중요성을 견지하면서도 역사와 시대의 변천

---

132) http://tch.simplenet.com

133) http://www.members.xoom.com/_XMCM/DianeDew/musclnks.htm

134) http://www.getnet.com/~musicmin/index.html

으로 그 의식의 과정과 방법 또한 변해 왔으며 변할 수밖에 없다는 시대적 요청이 다가왔다.

육신을 입은 유기체적인 예수(WEB)의 몸(Web)을 "웹(Web)"으로 해석할 수 있으며 그 웹 속에서 우리의 몸(web)이 또한 "하나님의 성전"이기 때문에 애찬을 기념하라는 예수의 거대담론(Word)은 웹(web)으로서 웹의 공간에서 이루어질 수 있다고 볼 수 있다. 사이버성례전(cybersacrament)은 기존의 목회자 및 사이버목회자가 성례전에 대한 리터지를 웹 공간에 제1절의 "기도"사이트에서처럼 입력하여 "접속"을 원하는 사람들에게 클릭하여 들어오도록 하며 교회에서 준비하는 것처럼 빵과 포도주를 준비하여 참여하도록 한다. 성만찬의 집례는 "절대적"으로 물리적인 공간에서 이루어져야 한다는 전통적인 패러다임에서 벗어나야 하며 눈에 보이는 물리적인 공간뿐만이 아니라 눈에 보이지 않는 사이버 공간에서도 가능하다는 패러다임으로 전환되어야 할 것이다. 또한 평신도들이 "왕 같은 제사장(royal presthood)"(벧전2: 9, 계1: 6, 5: 10, 20: 6)으로 고백한다면 그리고 "만인 제사장"의 역할을 "안수목회"를 지향하는 교권주의적 관점에서 해석할 것이 아니라 '특수목회', 즉 '평신도 신학'의 관점에서 이해할 필요성이 있다면 집례자의 주체도 바뀔 수 있다는 가능성을 배제해서는 안 될 것이다. '디지털성례전'의 주체는 바로 성령을 통한 평신도들도 가능하다고 볼 수 있다.

19세기 영국의 작가 토마스 하디(Thomas Hardy)는 자신의 작품인 <테스(Tess)>에서 주인공인 테스로 하여금 자신의 딸인 죽어 가는 사생아, 이름 자체도 슬픔을 의미하는 소로우(Sorrow)에게 세례를 집행하게 함으로써 당시 영국의 전통적인 교권주의에 도전하게 된다. 테스는 자신이 출석하는 교회의 교구목사에게 마지막 숨을

135) http://www.britannica.com/bcom/eb/art.../0,5716,68607+1+66881,00.htm

거두기 전에 딸의 세례를 부탁했지만 미혼모로서 사생아를 출산했다는 이유로 거부당하자 손수 죽어 가는 딸에게 세례를 베풀어준다.

제5절 교육

인터넷을 통한 사이버 강의 및 온라인 교실은 기독교 교육에 있어서 가장 효과적인 원격교육의 공간이라고 할 수 있다.[136] 전자도서관을 통하여 그동안 쉽게 접속하지 못했던 기독교 교육에 관한 다양한 정보들이 평신도들에게도 용이하게 찾아볼 수 있게 되었으며 "성경공부"[137]는 물론 히브리어, 헬라어, 라틴어 등으로 표현되는 성경주석들을 비교, 분석해 볼 수 있게 되었다.[138] 특히 "오디오 바이블 온라인"[139](audio-bible online)은 하나님의 말씀을 "생생한 육성"으로 들을 수 있으며 성경에 대한 "가상기독교"[140](virtual christianity)의 다양한 해석은 풍부한 상상력을 제공해 주고 있으며 성숙한 신앙인들의 자세를 확립시키는 데 크게 기여할 것이다.

---

136) file:///C/WEBSHARE/WWWROOT/MMnauweb97.html

137) http://www.bible.gospelcom.net, http://www.bible/#faith

138) http://www.cforc.com/KjvTopic.cgi

139) http://www.audio-bible.com/Bible/Bible.html

140) http://www.internetdynamics.com.pub/vc/bibles.html

제6절 친교

국경을 초월한 코이노니아(koinonia)가 인터넷상에서 이루어지고 있다.[141]

WCC는 대표적인 종파 간 그리고 가톨릭을 포함하여 타 종교와의 친교의 도구로써 CS를 최대한 활용하고 있다. 인터넷상에서의 "대화공간(Chat Room)"은 시공간을 초월하여 세계의 모든 인류가 함께 참여하는 일종의 대화의 장이며 "전자우편(E-mail)"은 하이퍼텍스트를 통한 친교의 공간이라고 볼 수 있다. CS에서 대화공간과 전자우편은 초대교회에서 이루어진 것과 비교해 볼 때 친교를 통한 전도의 파급효과는 상상할 수 없을 정도로 차이가 있다고 볼 수 있다.

제7절 봉사

디아코니아(diakonia)는 고아와 과부를 비롯한 도움을 필요로 하는 소외된 이웃들과 지역에 대하여 신앙의 말씀과 사랑의 행위를 실천해야 된다는 예수 그리스도의 명령이라고 할 수 있다. 성경적 의미의 디아코니아 특성과 과제를 이 세계 속에 실천함으로써 진정한 에큐메니칼 운동을 실천할 수 있을 것이다. 종교적 이데올로기보다는 신앙공동체들의 진정한 사랑의 실천을 구현함으로써 잃

---

141) http://www.samaritan.org/crusade.htm

어버린 "실낙원"을 회복시킬 수 있을 것이다. CS는 지역적인 한계를 극복하여 전 세계적으로 디아코니아를 실천할 수 있는 공간이며 시간과 재원을 효율적으로 이용할 수 있도록 해 주고 있다.[142]

제8절 선교

복음의 선포는 그 대상들이 어느 곳에 있든지 간에 이루어져야 한다. 만약 그들이 웹상에 존재한다면 바로 그곳도 복음의 선포가 이루어져야 하며 함께 그리스도 안에서 사랑의 교제가 이루어져야 할 공간이기도 하다. CS는 새로운 선교의 장을 제공해 준다. 선교의 접근은 용이하며 선교비에 절감에도 용이한 선교전략이라고 볼 수 있다. "가서 모든 민족을 내 제자로 삼으라."고 하는 예수의 명령은 결코 쉬운 일이 아니다. 이제는 더 이상 멀고 먼 이국땅까지 가야 할 필요성이 사라지게 되며 오지라고 불릴 정도의 지역에까지 선교사를 파송할 필요가 없게 된다. 피켓을 들고, 어깨띠를 두르며 거리를 누비고 다니는 전도 방법이나 가가호호 방문하여 복음을 전하는 시대는 이미 지나고 있다. 이제 주님의 복음 선포는 컴퓨터 스크린을 통한 "디지털 선교학"으로 그 패러다임의 전환이 급속도로 빠르게 전환하고 있다.

디지털선교학이 가장 이상적이며 구체적으로 등장하는 곳이 있다면 요한기자의 '디지털수사학'이라고 할 수 있다(요21: 11). 베드로가 사용하고 있는 웹이 날마다 새롭게 업데이트를 해야 함에도

---

142) http://www.diakonia-world.org/en/index.html

불구하고 그 기능을 활용하고 있지 못하고 있을 때, 예수는 자신의 웹으로 다시금 베드로의 웹과 연계시킨다. 그 결과 "153"이라는 디지털 숫자를 생성시킨다. 디지털 숫자 "153"을 분석해 보면, 전통적인 "삼위일체" 하나님의 이미지를 출력시킨다.

$$153 = \text{a.} \quad 1 + {} + 2 + 3 + 4 + 5 + 6 + 7 + 8 + 9 + 10 + 11 + 12 + 13 + 14 + 15 + 16 + 17$$

$$\text{b.} \quad 1 + (1*2) + (1*2*3) + (1*2*3*4*) + (1*2*3*4*5)$$
$$= 1! + 2! + 3! + 4! + 5!$$

$$\text{c.} \quad 1^3 + 5^3 + 3^3$$

디지털숫자 "153"은 삼각형의 한 변이 17마리로 구성되며 조화와 균형을 이루는 가장 이상적인 삼각형이 탄생한다. 하이퍼신학에서 '디지털수사학(digitalnumology)'은 새롭게 등장할 것이며 WEB 자체인 예수를 통하여 동시 발생적이며 풍성한 수확으로 하나님의 나라가 이룩될 것이다. 따라서 CS는 국내 선교와 해외선교의 차별과 구분을 해체시키고 있으며 잃어버린 영혼들에게 동등하게 복음의 말씀이 전파될 수 있는 하나님의 최대의 선교적 도구가 된다.

인터넷은 단일한 목표를 가진 복합적인 유기체이다. 인터넷의 핵심은 많은 컴퓨터들의 네트워크를 연결해 주는 기술이다. 목회자가 인터넷에 접속하게 되면 네트워크상에서 하나의 마디(more)가 형성된다. 이 마디는 마치 나무의 마디와 같아서 그곳에서 줄기와 가지와 잎이 생기게 된다. 인터넷을 사용함으로써 이 마디는 네트워크상에서 서로 다른 네트워크에 연결될 수 있다. 이론적으로는 인터넷상에서 그 어떠한 컴퓨터든지 다른 컴퓨터와 연결될 수 있다. 예를 들면 채팅룸에서 메시지를 입력하면 다른 사용자에게 그 메시지가 전달되는 것이다.

대부분의 사람들은 인터넷은 신앙의 변화를 초래하지 않고서도 적용할 수 있는 단순한 테크놀로지에 불과하다고 믿고 싶어 한다. 아마도 갈릴레로(Galileo)가 최초로 망원경을 가지고 우주를 관찰했을 때, 그와 동일한 생각을 했을 것이다. 그러나 세계는 결코 처음 관찰한 것과는 전적으로 동일하지 않다는 점이다. 제5장 제2절 WWW(b)에서 성경텍스트에서의 다양한 웹이 등장하는 것처럼 어부들의 웹, 즉 "그물(net)"을 인터넷에 적용시켜 '원격선교'의 도구로써 이용한다면 대단히 유익할 것이다(눅5: 1 – 11).

신앙공동체가 그 웹을 물에 던졌을 때, 물은 나라와 백성들을 상징한다고 볼 수 있기 때문에 신앙공동체가 예상하는 것보다 더 많은 물고기를 포획할 수 있다. 인터넷은 예기치 않은 영향력을 지니고 있기 때문에 누가 기자의 교훈이 진실이라면 그 영향력은 믿는 사람들로 하여금 예수와 더 가까운 관계를 맺게 할 것이다. 도시화로 인하여 사람들이 도시로 이동해 온 결과 대형교회들의 건축이 나타나고 있는 것처럼, 21세기에는 지구촌의 '디지털 신앙공동체'가 온라인 목회를 통하여 '하나님의 선교' 즉 'WORD – WEB – WORLD'의 패러다임이 이루어지게 될 것이다.

제9절 영성

예수 그리스도 안에서 나타난 하나님의 사랑은 '은총의 선물'이다. 사랑하는 부모가 자식이 집으로 돌아오는 것을 고대하고 있듯이 하나님은 우리가 믿음과 희망과 사랑으로 응답하게 될 때, 우리를 포용하고 싶어 하신다. 우리가 하나님을 향한 집으로 돌아올 때, 신앙의 불꽃을 다시 밝히며 지속적으로 그리스도의 사랑을 반영시키기 위하여 영적 순례를 위한 훈련이 필요하다. 따라서 그리스도의 삶과 신앙공동체에 속한 '성인들'의 삶의 유형에 기초한 성경적 기본적인 원리들을 제시할 필요성이 있다고 본다.

공동체의 훈련(히12: 25, 시122: 1, 롬12: 1, 고전11: 23 – 26, 12: 1 – 27, 13: 1 – 13), 고독의 훈련(시46: 10, 데전5: 16 – 18, 막1: 35 – 37, 6: 30 – 46), 마음과 정신의 훈련(마11: 28 – 30, 28: 16 – 20, 벧후 3: 18, 행2: 42), 봉사의 훈련(갈6: 2, 고후9: 6 – 15, 말3: 10, 히7: 3 – 8, 막10: 40 – 45, 롬12), 소명의 훈련(창50: 15 – 20, 롬12: 1 – 3, 8: 28, 엡4: 1 – 7, 요15: 1 – 5, 갈5: 22 – 23, 빌1: 9 – 11) 등은 개인의 영적 성장은 물론 회중적 갱생을 위한 중요한 동기를 제공해 주고 있다. 이 같은 훈련들은 마치 바퀴의 살(spokes)과 같아서 외륜(rim)을 형성하는 기도와 성경으로 테두리를 구축하고 외적인 활동들을 주일의 쉼과 갱생으로 연계시켜야 하며[143] 영적 전류(spiritual electricity)가 흐르도록 영적 교정(spiritual chiropractic) 작업의 필요성을 느끼게 된다.[144]

매튜 팍스(Matthew Fox)는 영성을 "타락/구속과 창조 중심적 영성"을 비교하고 있다. 그의 관점에서 전자를 타락과 구속을 지향하는 '모던적 영성'이라고 한다면, 후자의 영성은 '창조' 지향적인 '포스트모던적 영성'이라고 할 수 있다. 예를 들면, '명상'에 관하여 전자는 그 자체가 하나의 목표가 되어 왔다고 할 수 있지만, 후자는

---

143) kent ira groff, active spirituality(New York: Alban Institute, 1993) p.199

144) ulia Cameron, The Artist's Way(New York: Penguin Putnam Inc., 1992), pp.1 – 3

"사랑, 정의, 찬양", 성찬, 세례 등의 다양한 목표가 그 대상이라고 할 수 있다. 전자의 패러다임이 "하나님 나라＝교회"라는 등식이라면, 후자는 "하나님 나라＝우주, 창조"라는 것이다. 전자의 "영생"은 죽은 후에 이루어진다고 보지만 후자는 바로 지금 여기에서 이루어진다고 보는 것이다. 전자의 "영적 순례"는 정화, 계몽, 연합의 3가지 방향의 길이라고 한다면, 후자는 긍정, 부정, 창의, 변형의 4가지 방향의 길이라고 볼 수 있다. 전자의 "신비주의"가 감각을 억제한 것이라면, 후자는 이념까지도 허용하고 있다는 것이다.145)

필립 로메인(Phillp St.Romain)은 동서양의 상호작용에서 오는 이른바 "뉴에이지(New Age)" 영성을 최소화하면서 극단적인 혼합주의와 승리주의를 피해야 한다고 주장한다. 동양의 신비주의와 기독교 영성 사이의 만남은 가장 중요한 시대적 징조 중의 하나라고 볼 수 있으며 로메인은 "차크라 시스템: 기독교 이해(Chakra System: Understanding Christianity)"라는 글에서 주의 기도와 차크라스와의 관계를 도표를 통하여 제시해 주고 있다.146) 또한 "인터넷에서의 영성의 기회", "영성의 기초적 원리", "영적변화: 일반적 원리", "평온함을 향한 영적인 길" 등을 동일한 사이트에서 보여 주고 있다.147) 영성운동의 한 형식으로써 "거룩한 춤(sacred dance)"은 개인적인 헌신과 기도의 풍요로움을 위하여 그리고 예배를 한 차원 향상시킬 수 있게 해 줄 수 있을 것이라고 조지아나 레인워러(Georgeana Rainwater)는 주장한다.148)

---

145) Matthew Fox, Original Blessing(New Mexico: Bear & Company, 1983), pp.316 – 19

146) http://shalomplace.com/res/lrdpryr.html

147) http://www.shalomplace.com/inetmin/index.html, http://www.shalomplace.com/inetmin/basics/index.html

148) http://www.us.net/sdg/mvmnt.html

영적 은사에 대한 다양성(엡4: 11 – 16)은 각 개인의 영성이 추구하는 방향이라고 할 수 있으며 성경텍스트 속에 나타나는 은사의 다양성은 곧 missionary(고전9: 19 – 23), healing(약5: 13 – 16, 눅9: 1 – 2), intercession(데전3: 10 – 13, 딤전2: 1 – 2), craftsmanship(출28: 3 – 4), hospitality(창18: 1 – 15), faith(히11), discernment(행5: 3 – 6, 16: 16 – 18), mercy(눅10: 30 – 37), giving(고후8: 1 – 5), administration(행12: 12 – 21), leadership(히13: 7, 삿3: 10, 출18: 13 – 16), helps(행6: 2 – 4), serving(갈6: 1 – 2), knowledge(엡3: 14 – 19), wisdom(약3: 13 – 17), exhortation(행11: 23 – 24, 14: 21 – 22), music(고전14: 26, 막12: 36), teacher(히5: 12 – 14), pastor(벧전5: 1 – 11), evangelist(행8: 26 – 40), prophet(고전14: 1 – 5, 30 – 33, 37 – 40), apostle(행12: 1 – 5, 14: 21 – 23) 등으로 볼 수 있다.[149] 이러한 영적 은사의 다양성에도 불구하고 과연 어떠한 은사가 개개인의 실존에 이상적인가 하는 문제는 성령과의 만남과 깊은 교제 속에서 이루어져야 할 것이다. CS에서는 온라인 버전(Online Version)과 오프라인 버전(Offline Version)을 통하여 영성의 실천적인 모델을 설정하는데 그 검색도구를 110가지 질문과 응답의 소프트웨어를 제시하고 있다.[150]

기도와 영성에 관한 사이버시스템의 구축은 오히려 개신교보다도 가톨릭에서 더 발전해 있다고 볼 수 있다.[151]

---

149) http://www.cforc.com/sgifts.cgi?help

150) http://www.cforc.com/offline.html

151) http://www.cin.org/praylit.html

제10절 상담

한 마리의 나비가 날기 위해서는 전 우주가 필요히다. 상처 입은 날개를 가진 나비에게 아름다운 노래를 들려주는 것은 그 아픈 상처에 식초를 붓는 것과 같은 것이다. 문제가 바로 그 해답이 될 수 있다. 존 바쓰(John Barth)는 "보물에 이르는 열쇠는 그 보물이다 (the key of the treasure is the treasure)."라고 주장한다.[152] 보물은 그 보물 내부에 있으며 의식과 무의식의 심리적 통합과 전체성이 가능해지는 것으로 볼 수 있기 때문에 대립적인 갈등의 구조들은 조화와 균형의 공존상태에서 해체될 수 있는 것이다. 예수와 가룻 유다의 갈등구조는 하나님의 섭리라고 단정하기 이전에 예수의 "비지향적 테크닉(non-directive technique)"에서 찾아야 한다. 비지향적 테크닉이란 심리학적인 용어로써 내담자의 주장에 대하여 반론을 제기할 수 없을 때, 관념적인 동의 이외에 특별히 말을 하고 싶지 않은 상황적 테크닉을 말한다. 이때 상담자는 '아하', '네', '그래요?', '으흠' 등으로 반응함으로써 내담자로 하여금 마음껏 이야기하도록 내버려두는 것이다. 예수의 비지향적 테크닉 속에서 유다의 고뇌와 '숨겨진 분노'가 증폭되는 것은 부인할 수 없는 사실이다. 이러한 '보물'들은 배반과 죽음이라는 비극적인 상황을 연출하게 될 수 있다. 인간은 '욕망하는 기계'라고 할 수 있다. 이러한 전제에 대하여 잠언서 기자는 훈계, 충고, 책망, 교훈, 징계, 명령, 권면 등의 "지향적 테크닉"의 교과서라고 할 수 있다. 그러나 엘리 제사장과 그의 아들들(삼상3: 13), 부자청년의 고뇌(눅18: 18-30) 등의 갈등구조들은 지향적 테크닉을 통하여 그 내적 분노들을 치

---

152) John Barth, Chimera(Greenwich: Fawcett, 1967), p.56

유할 수 있다. 그러나 "보물에 이르는 열쇠"의 주인공은 은유의 전체 통제부호라고 할 수 있는 하나님과 예수 그리스도와 성령의 참여가 있어야 한다. 바울이 고린도교회를 향하여 "사람이 흔히 겪는 시련 말고는 여러분에게 덮친 시련은 없었습니다. 하나님은 신실하십니다. 그분은 여러분이 감당할 수 있는 능력 이상으로 시련을 겪는 것을 허락하지 않으십니다. 그분은 시련과 함께 벗어날 길도 마련하여 주셔서 여러분이 그 시련을 견디어 낼 수 있게 하십니다." 라고 증언하고 있다. '비지향적-지향적 테크닉'은 곧 하나님의 역설적인 치유방법이라고 할 수 있으며 상담자는 단순한 상황적 대언자에 불과하다고 본다.

CS에서 나타나는 상담의 모든 하이퍼텍스트들도 역시 역설적인 상담의 공간이라고 할 수 있다. "온라인 기독상담(Online Christian Counseling),"[153] "온라인 테스팅(Online Testing)", "온라인 도구(Online Tools)"[154], "목회/신앙에 기초한 카운슬링의 유형(Types of Counseling)"[155] 등에서 다양한 상담에 필요한 정보들을 제공해 주고 있다.

---

153) http://www.barnabus.com

154) http://www.barnabus.com/methodd/testing.asp

155) http://barnabus.com/connseling/types.

제10장
사이버처치의 미래

제1절 순기능

CS 역시 우리의 상상을 불러일으킨다. CS는 가상의 실재들이 짜이는 광범위한 전자망이다. VR은 전자 공간 안에 있는 단 한 가지 종류의 현상이다. 일반적인 매체들처럼 CS도 참여를 권유한다. 일상세계의 틀 속에서 CS는 일련의 방향점들의 집단이며 혼란스러울 정도로 많은 데이터 속에서도 우리가 갈 길을 찾도록 돕고 있다. Cyber960이나 VAX6320과 같은 메인프레임 컴퓨터를 가지고 작업을 할 때, 우리는 그 컴퓨터 시스템을 조종하기 위하여 제2장 1절에서 M. 크로이의 "사이버네틱스"에서 주장하고 있는 것처럼 "마음의 지도"를 그리는 법을 배워야 한다. 무의식적으로도 익숙하게 사용할 수 있는 지도가 없다면 우리는 당장 정보의 홍수 속에서 길을 잃고 말 것이다. 데스크 탑이나 휴대용 컴퓨터를 사용하는 데는 하드웨어를 비롯하여 CRT, 디스크드라이브를 연결시키는 방법에 대한 내적인 설명이 요구된다. 자기 저장매체는 물체에 대한 3차원적인 정보를 제공해 주지 못한다. 따라서 우리는 데이터 구조와 위치에 대하여 내적으로 영상화된 감각을 발달시켜야 한다. 우리가 우리 자신을 위하여 만든 이러한 마음의 지도에 소프트웨어적인 설계를 '접목'시킨 것이 바로 CS라고 할 수 있다.

친숙한 "마음의 지도"는 라디오가 TV에 비견되거나 TV가 3차원의 신체적 경험에 비유되는 식으로 전형적인 VR에 비유될 수 있다. 아무리 단순한 형태라 하더라도 CS는 사용자의 창의적인 상상력을 활성화시킬 수 있다. 점점 더 정교해지고 있는 CS는 실재 세계의 시뮬레이션을 발달시키고 그 다음으로 VR을 발달시키고 있다.

사용자들은 두뇌에 직접자극을 주는 전극들로 연결된 컴퓨터 콘솔로 몰입해 들어간다. 사용자의 정신이 컴퓨터 매트릭스를 서핑하는 동안 사용자의 육체는 물러나 앉아 있다. 정신이 온라인상에서 자기 나름대로의 환희를 만끽하고 있는 반면, 사용자는 자기 몸이 '고깃덩어리' 같다고 느끼거나 아주 수동적으로 움직이는 CS의 한 물질적 구성요소라고 느낀다. 윌리엄 깁슨의 <뉴로맨서>는 CS의 수동성에 대하여 "교감이 이루어진 환각상태, 인간체계 내부에 있는 각 컴퓨터의 저장고로부터 빼낸 데이터의 그래픽 표상, 가공할 만한 복합성"이라고 묘사한다. 능동적인 측면에서 보면 사용자는 정신의 무공간 속으로 펼쳐지는 여러 '빛줄기'를 좇아가고 있다.

인간을 위한 성령의 "빛"은 생산적이며 창의적인 미래를 비추어 주고 있으며 이미 성령은 '사이버 지옥'이 아닌 '사이버 천국'을 기획하고 있을 것이다. 왜냐하면, 세속적인 의미에서의 '미시적 – 거시적' 효과 이외에 CS, VR, CC는 하나님의 은총이며 선물이라고 볼 수 있으며 또한 이 공간을 통하여 성령은 역사하고 있기 때문이다.

특히 복음 전파의 도구로써 CC의 공간은 '확대지향적인 창조의 법칙'으로 '사이버 에덴'을 구축하고 있는 것이다.

제2절 역기능

인터페이스가 CS로 바뀌어 감에 따라서 조지 시걸(George Segal)의 조각품과 같은 어두운 분위기가 스며들며 애매성이 등장한다. 그것은 인간과 기계의 연결, 심지어는 자기 몰입적인 CS 속으로 인간이 진입하는 것을 의미한다. 어떤 의미에서 이런 이중적인 의미는 인간의 정체성에 대한 회의를 자아내게 한다. 대체 인간은 얼마나 주변적인가? 우리가 CS의 문을 열고 들어갔을 때, 우리는 그 시스템의 얼마만큼을 우리의 것으로 소유하고 있는가? 소프트웨어의 설계자가 끝없이 빛의 미궁 속으로 빠져 들어가는데 데이터 풍경을 만들고 불꽃이 불나비들을 유혹하듯이 우리를 유혹할 때, 우리는 어디에 있을 것인가?

6장에서 언급했던 인터페이스는 인간의 삶을 수동화시키는 마법을 걸 수 있다. 인간은 시스템에게 무엇을 해야 하는지를 지시함으로써 시스템과 이야기하지만 시스템의 언어와 처리방식이 인간의 심성을 지배하기에 이른 것이다. 깁슨은 인간이 인터페이스에 접속하면 할수록 "합의된 환각상태(consensual hallucination)" 속으로, 혹은 "무한한 감옥(infinate cage)"으로 들어간다는 것이다. 인간은 아무 제약도 받지 않는 CS 내에서 끝없이 여행을 할 수 있다. 왜냐하면 CS는 전자적이며 인간은 현실적인 물리적 우주뿐만이 아니라 가능세계와 상상세계까지도 전자적으로 표상할 수 있기 때문이다. 그러나 유한한 육체를 지닌 존재에게 그러한 무한성은 비물리적인 2차적 영역 속에 감금되는 감옥과 같은 것이다.

VR시스템은 물리적 공산을 표상하고 심지어는 인간이 화성이나 깊은 바다에서 전송된 광경 속으로 빠져 들어가 원격현전(telepersent)을 느끼도록 CS를 이용할 수 있다. 그러나 사이버 세계의 자료를 구축하는 일은 본래의 신체를 움직이고 있는 내적 생체 에너지로부터 사용자를 멀리 떼어 놓는다. "인터페이스"의 가장 심각한 위험은 인간이 인간의 내부 상태에 대한 감각을 상실할 수 있다는 것이다. 내부 상태라는 어휘로 어떤 난해한 것을 의미하려는 것은 아니다. 신체에 대한 예리한 감각을 잃지 말라는 것이다. 운동 역학적인 신체의 운동이나 기관의 불쾌한 상태와 호흡, 평형, 무게, 변화 등등의 자기 감각활동과 같은 가장 단순한 종류의 지각을 유지하라는 것이다. 가장 단순한 내적 상태의 상실은 가장 크고 중요한 자각 상태를 상실하게 될지도 모른다. 왜냐하면 '몸'은 '영혼의 성전'이 될 수 있기 때문이다. 1960년대 짐 모리슨(Jim Morrison)은 <주님과의 새로운 피조물들(The Lords and the New Creatures)>에서 감각에 대한 위험을 감지하고 다음과 같이 경고하고 있다. "우리는 비에 대한 감각을 상기하기 위하여 날씨극장에 다니게 될 때가 올 것이다."

인포마니아(infomania)는 인간의 의미처리 능력을 갉아먹을 수 있다. 우리의 의식이 정보에 고착이 된다면 관심의 범위가 축소될 수 있으며 부스러기들을 주워 모으면 정신적으로 피폐해지며 빈곤해진다. 단편적인 지식에 매달리면 지식 저편에 있는 '지혜'를 잃게 될지도 모른다. 정보화 시대에 인간의 모든 문화가 '손가락 끝'에서 나오는 것이라고 단정한다면 그로 인한 대가를 지불해야 할 것이다. 더 많은 정보에 접근할수록 우리가 얻는 참된 의미는 줄어들게 되는데 이것을 "축소지향적 회귀의 법칙(a law of diminishing returns)"[156]이라고 한다. 이러한 관점이 '사이버 지옥'을 '창조'해 낼 수도 있지만 성령은 날마다 우리를 새롭게 변하게 하는 '확대지향적 창조의 법칙'을 제시해 줄 것이다.

---

156) Michael Heim, The Metaphysics of Virtual Reality, p.10

　역사는 분명히 변하고 있다. 인간의 모든 문화와 전통적인 패러다임들이 21세기의 디지털의 영향으로 그 속도만 다를 뿐 점진적으로 날마다 새로워져 간다. 그러나 종교계 특히 기독교는 디지털 세계를 어떻게 이해해야 할 것인가를 문제로 제기하며 사이버의 공간은 특별히 하나님의 "은총의 선물", 즉 "사이버은총"이라는 관점에서 이 논문은 출발한다.

　21세기는 사이버공간 공간에서 유희하는 하이퍼링크들을 통하여 우주의 모든 텍스트들, 다양한 언어와 문화, 심지어 인간의 의식과 무의식까지도 인류의 모든 문명을 하나로 통합시키는 디지털 세계를 맞이한 것이다. 하이퍼신학은 사이버공간에서 하이퍼텍스트들의 상호호환성과 상호텍스트성을 추구하며 단순한 시공간의 이동이나 변화가 아닌 실체로서 전통적인 신학에 대한 재해석을 시도하는 것이다. 과학과 신학, 혹은 신앙은 분리될 수 없는 하나님의 통합지향적 사역의 공간이며 도구이다. 특히 기독교적 관점에서 볼 때, 에덴동산에서 '카이로스'가 '크로노스'와의 접촉을 시도할 때부터 하나님의 신앙공동체는 이상적인 '가상공동체'이며 '디지털신앙공동체'이다. '가시적 신앙공동체'와 '비가시적 신앙공동체를 분리가 아닌 통합을 지향하면서 성령은 끊임없는 대화로 인간의 구원을 성취해 나간다. 인간이 거주하는 에덴의 공간이 실재의 세계라고 한다면, 하나님의 현존의 공간인 하늘나라는 '가상의 공간'이라 할 수 있다. 하이퍼신학은 전통적인 신학의 '가상/실재'의 '신학/신앙'적 구조를 수직적이 아닌 수평적으로, 우선순위나 전후관계가 아닌 '가상－실재'의 '신학－신앙' 패러다임으로 그 전환을 시도한다. 따라서 하나님의 가상공간의 표출이 거시적으로는 CS에서 미시적으로는 CC로 표출되고 있는 것이다.

전통적인 성경텍스트는 인쇄문화의 혁명으로 하나님의 말씀과 복음을 전파하는 데 크게 기여해 온 것은 사실이다. 그러나 이 같은 과정의 흐름은 바울의 고백처럼, 참고 인내하시는 하나님의 긍휼을 가장 효과적이며 '동시 발생적'으로 보여주기 위한 방법으로 '하이퍼텍스트성경'을 고안해 낸 것이다. 하이퍼텍스트성경은 전통적인 성경텍스트의 내용만을 담아내는 단순한 그릇이 아니라 인류의 모든 텍스트들을 하나로 연계시켜 주는 '에큐메니칼 텍스트'를 창조해 낸 것이다.

요한의 "태초에 말씀이 있었다."라는 고백은 본 연구에서는 "태초에 웹이 있었다."라는 메타포로 적용하여 "말씀"이 유기체적인 "육신", 즉 웹으로 되는 과정을 분석한다. 하나님 자신이라고 표현할 수 있는 3차원적인 "말씀(WORD－Word－word)"과 "육신(WEB－Web－web)", "성령(World－Wide－Web)"과 "선교(WORD－WEB－World)"라는 새로운 패러다임과 하이퍼신학의 이론적 기초를 제시한다.

WWW(c)와 인터페이스는 '사이버성령'이며 그 활동무대라 할 수 있기 때문에 CS의 '성스러운' 공간이 하나님과 인간의 '만남의 장'

이 자연스럽게 이루어질 것이다.

미래를 지배하게 될 하나님의 신앙공동체는 '가시적 교회'가 '비가시적 교회'에로 그 패러다임이 전환될 것이다. 즉 전통적인 교회들은 태초부터 '온라인 신앙공동체' 혹은 '디지털 신앙공동체'로 다시금 회귀하고 있는 것이다. "초대교회로 돌아가자."라는 담론은 "사이버처치로 돌아가자."라는 명제가 되어야 할 것이다. CC는 성령을 통한 하나님의 또 다른 모습일 수 있으며 그 구체적인 CC의 하드웨어가 급속도로 확산되어 가고 있다. CS의 실천신학적 입장에서 타 종교를 비롯한 세계교회 및 한국교회들이 이미 CC에서 하나의 웹이 되어 가고 있다는 사실을 간과해서는 안 될 것이다.

21세기의 신학은 하이퍼신학 혹은 웹신학이 '지배'할 것이다. 따라서 하나님의 선교는 가속화될 것이며 "카이로스/크로노스", "초월성/내재성"의 구조가 아닌 "카이로스-크로노스", "초월성-내재성"의 구조로 CS에서 전환된다고 보아야 할 것이다. "사이버은총"이라는 관점에서 볼 때, 지금까지 조직신학에서 다루고 있는 모든 영역들이 재해석되어야 한다. 언제나 "새 술"을 요구하는 하나님의 관점에서 본다면, '사이버신학자', '사이버목회자', '사이버전도사', '사이버평신도'라는 용어들도 이미 "묵은 술"이 되어 간다.

참고문헌

〈국외단행본〉

Auge', Marc. Non – Place: Introduction to an Anthropology of Super modernity, trans. John Howe. London: Verso, 1995.

Barth, John. Chimera. Greenwich: Fawcett, 1973.

Berry, Philippa. & Wernick, Andrew. Shadow of Spirit. London and New York: Routledge, 1992

Bakhtin, Mikhail. The Dialogic Imagination. Taxas: University of Taxas, 1981.

Cobb, Jennifer. Cybergrace. New York: Crown Publishers, Inc., 1998.

Cameron, Ulia. The Artist's Way. New York: Penguin Putnam Inc., 1992.

Capps, Donald. Pastoral Care and Hermeneutic. Philadelphia: Fortress Press, 1984.

Davis, Paul. The Mind of God. New York: Touchstone, 1992.

Derrida, Jacques. Of Gramatology. Baitimore and London: Yhe Johns Hopkins University Press, 1977.

Frye, Northrop. The Great Code. New York: HJB Publishers, 1982.

Fox, Matthew. Original Blessing. New Mexico: Bear & Company, 1983.

groff, kent ira. active spirituality. New York: Alban Institute, 1993.

Heim, Michael. The Metaphysics of Virtual Reality. New York & Oxford: Oxford University Press, 1993.

Kroy, M. The Conscience. Jerusalem: Israel University Press, 1974.

Loori, John Daido. The Soul of Cyberspace. San Francisco: HarperEdge, 1997.

Lodge, David. Modern Criticism and Theory. New York: Longman Inc., 1988.

Murry, Michael H. The Thought of Teilhard de Chardin: An Introduction. New York: Seabury, 1966.

Schroder, Gerald L. The Science of God. New York: Free Press, 1997.

· 저자 ·

심영보

•약 력•

연세대 연합신학대학원(M.Div)
연대목회클럽(YPCC) 학술위원장
한국백향목선교회(KCM) 기획위원장
FEBC 극동방송 Guidepost 해설위원
대전대영문학 박사(Ph.D)
대전대영문과 교수
[실버랜드교회] 원목
[둔산한방병원교회] 원목
[한국예술문화목회원] 원장
사이버처치연구소장

•주요논저•

인간회복인간상실
Utopia는 가능한가?
John Keats의 정직성-*Ode on a Grecian Urn*을 중심으로
신학적 관점에서 본 *Tess of the D'Urbervilles*
John Barth의 *Chimera* 연구-포스트모더니즘 관점에서 본 Androgyny
제유적 이미지의 반전과 전환-*The End of the Road*
John Barth의 Narrative 전략연구
LETTERS 전략연구
Sabbatical: A Romance 전략연구
Cyber-Literature의 현황과 전망
하이퍼신학의 관점에서 본 사이버처치
현대문학의 예술성과 외설성
Barth의 Kenosis와 Blackhole
우연적 필연성과 필연적 우연성의 담론: *Being There*
Incarnation과 Deconstruction: John Barth를 중심으로
So It Goes의 미학: *Slaughter-House Five*를 중심으로
The Cyber-Church in the Hypertheology
[하나님의 힘](역)
[밤바다여행](역)
[자서전](역)
[인지과학-마음의지도](역)
[고갈과 소생의 변증법](저)
외 다수

사이버신학과
디지털교회

• 초판 인쇄 2008년 2월 29일
• 초판 발행 2008년 2월 29일

• 지 은 이 심영보
• 펴 낸 이 채종준
• 펴 낸 곳 한국학술정보㈜
          경기도 파주시 교하읍 문발리 513-5
          파주출판문화정보산업단지
          전화 031) 908-3181(대표) · 팩스 031) 908-3189
          홈페이지 http://www.kstudy.com
          e-mail(출판사업부) publish@kstudy.com
• 등   록 제일산-115호(2000. 6. 19)
• 가   격 22,000원

ISBN 978-89-534-8227-2 93230 (Paper Book)
      978-89-534-8228-9 98230 (e-Book)